한국인을 위한
일본어

감수 사카이마유미
저자 정현혁

지식과교양

흔히 외국어를 공부하려고 할 때 가장 먼저 직면하게 되는 것이 해당 외국어의 발음이라고 할 수 있다. 그런데 이 발음은 모든 부분이 어려운 것이 아니라 외국어에 따라 틀리기 쉬운 발음이 존재한다. 이러한 발음을 익히는 방법은 다양하지만 자신의 모국어를 충분히 활용하여 발음하는 방법은 학습자가 이해하기도 쉽고 습득하기도 쉬운 장점이 있다.

본 교재는 이러한 방법을 적극적으로 활용하여 구성하였다. 특히 한국인이 틀리기 쉬운 일본어 발음과 악센트, 그리고 쉐도잉 연습, 프레이징을 이용한 발음연습에 중점을 두었다. 구체적으로는 [음성학 기초지식], [한국인이 틀리기 쉬운 일본어 발음], [일본어 악센트], [일본어 인토네이션], [쉐도잉 연습], [프레이징을 이용한 발음연습] 순이다.

[음성학 기초지식]에서는 학습자들이 음성의 가장 기초적인 부분을 습득할 수 있도록 하였다. 그 후 [한국인이 틀리기 쉬운 일본어 발음]을 9개 항목으로 나누어 발음법을 설명한 후 듣기연습을 통해 학습자들이 실질적으로 듣고 발음할 수 있도록 하였다. [일본어 악센트]는 우선 악센트를 개관하고 8개 항목으로 나누어 부분별로 특징을 설명하고 실질적으로 듣고 악센트 연습을 할 수 있도록 꾸몄다. [일본어 인토네이션]은 가장 기본적인 부분만을 제시하여 기초상식을 쌓을 수 있도록 하였다. 이렇게 학습을 한 후 한국인 일본어학습자는 동경출신의 일본인화자의 자연스러운 음을 [쉐도잉 연습]을 통해 완벽하게 구현해낼 수 있도록 구성하였다. [쉐도잉 연습]에서는 10개 항목의 자연스러운 회화와 지문을 제시하여 학습자가 쉐도잉 연습을 통해 자연스럽게 일본어 발음과 악센트, 인토네이션을 습득할 수 있도록 하였다. 게다가 [쉐도잉 연습]에 등장했던 문장 중에서 일부를 [프레이징을 이용한 발음연습] 코

너를 통해 한국인 일본어학습자가 직접 악센트와 인토네이션 모양을 보고 흉내 내어 발음연습을 하도록 구성하였다.

필자의 의도대로 한국인 일본어학습자가 이 교재를 이용하여 학습한 후 일본인에게 자신의 의도한 바를 정확한 발음으로 제대로 전할 수 있게 되기를 바란다.

끝으로 이 교재가 출판되기까지 흔쾌히 감수를 수락해 주신 덕성여자대학교의 사카이 마유미 교수님과 많은 배려와 노고를 아끼지 않으신 도서출판 지식과 교양의 윤석산 사장님께 이 자리를 빌어 감사의 말씀을 드린다.

2018년 2월
이문동 연구실에서
정현혁

목 차

음성학 기초지식

1

1. 음성과 음운

- 음성 : 인간이 말을 하기 위해서 음성기관을 움직여 내는 음
- 음운 : 사람들의 두뇌에 기억되어져 있는 음의 관념
  音素(음운의 최소단위) : /h/
  単音(음성의 최소단위) : [h][ç][ɸ]

2. 음절과 박

- 음절 : 하나의 덩어리로 들리는 음의 연속
- 박 : 음의 길이를 나타내는 시간의 단위

3. 음절과 박의 차이

がっ/こう 2음절   が/っ/こ/う 4박

4. 음성기관

음성을 만들어 내기 위해서 참여하는 신체의 모든 생리적 기관

5. 모음과 자음

- 모음 : 구강이나 인두에서 폐쇄나 협착이 일어나지 않고 나오는 음
- 모음을 말할 때의 필수요소
  ① 혀의 위치(전설모음, 중설모음, 후설모음)
  ② 입 벌림의 크기(협모음, 반협모음, 반광모음, 광모음)
  ③ 입술의 형태(원순모음, 비원순모음)
    예) 일본어의 う음 : 비원순 후설 협모음
- 자음 : 呼気가 구강 등 조음기관의 여러 곳에서 폐쇄 또는 협착에 의해 방해를
  받아 나오는 음
- 자음을 말할 때의 필수요소

① 조음방법(破裂音, 摩擦音, 破擦音, 弾音, 鼻音)

② 조음위치(両唇音, 歯茎音, 歯茎硬口蓋音, 硬口蓋音, 軟口蓋音, 声門音 등)

③ 성대의 진동유무(有声音, 無声音)

예) [k] : 무성연구개파열음

音声器官とその名称

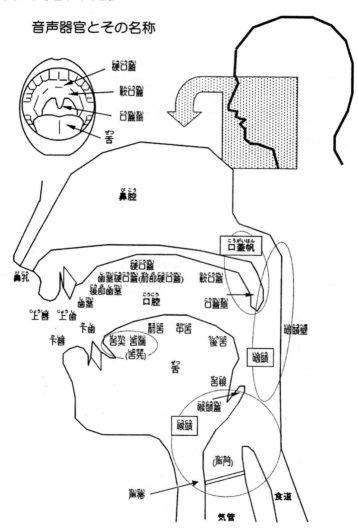

한국인이 틀리기 쉬운
일본어 발음

2

01 어두의 탁음
カ行과 ガ行, タ行과 ダ行

1) 발음법

어두의 탁음은 엄밀하게 말해서 한국인은 발음할 수 없다. 왜냐하면 어두의 탁음은 유성음으로 한국어의 경우 어두에 유성음이 오는 경우가 없기 때문이다. 유성음은 발음을 할 때 목 부분의 성대가 떨리는 음을 말한다. 하지만 한국어의 경우도 어의 중간이나 끝에서는 유성음이 존재한다. 구체적으로 한국어의 평음인 'ㄱ, ㄷ, ㅂ, ㅈ'은 모음과 모음 사이에 둘러 쌓이거나 비음과 모음 사이에 둘러 쌓일 때 유성음으로 소리가 난다. 예를 들어 '아기'의 경우 2음절의 '기'의 'ㄱ'은 앞의 [ㅏ]와 [ㅣ]에 둘러 쌓여 [g]음인 유성음이 된다. 이 현상을 이용하여 어두의 탁음을 발음하면 일본인은 어두가 탁음임을 인식하게 되어 커뮤니케이션이 원활하게 된다.

구체적으로 말하자면 어두의 「が」 음을 발음할 때는 먼저 소리가 거의 나지 않는 상태로 [으]를 목에서 소리냄과 동시에 [가]를 발음하는 식이다. 다시 말해 [으가]와 같이 발음하는 것이다. 이것을 다른 어두의 탁음에도 이용하여 [으기][으구][으게][으고][으자][으지][으즈][으제][으조][으다][으지][으즈][으데][으도][으바][으비][으부][으베][으보]와 같이 발음하는 것이다. 어두의 탁음은 이와 같이 발음하고 어두의 청음은 한국어의 격음 '카' '타'를 약하게 발음하는 식으로 하면 일본인과의 커뮤니케이션에 지장이 없다.

かき(柿 감)[카키]　　　　　がき(餓鬼 개구장이)[으가키]
ため(為 위해)[타메]　　　　だめ(駄目 소용없음)[으다메]

그런데 일본인들의 발음을 실질적으로 들어보면 한국인이 발음하는 것처럼 하지 않기 때문에 구분이 잘 가지 않는 경우가 있다. 특히 일본어의 カ行과 ガ行, タ行과 ダ行은 조음방법과 조음점이 같고 단지 유성음, 무성음만이 다르기 때문에 구별이 어렵다.

かき(柿 감)　　　　　　がき(餓鬼 개구장이)
ため(為 위해)　　　　　だめ(駄目 소용없음)

이 음들은 많이 들어 유성음 무성음의 차이에 익숙해 져야 하며 필요 시에는 그 단어를 외워서 머리 속에 익혀서 발음해야 한다. 여기에서는 이 음들을 듣고 구별하여 발음하는 연습을 해 보기로 한다.

2) 듣기연습

① 두 개의 발음을 듣고 같으면 ○, 다르면 ×를 선택하세요. 🔊

(1) ○　× (2) ○　×
(3) ○　× (4) ○　×
(5) ○　×

② 원어민의 음성을 듣고 그 읽는 단어가 1, 2번 중에 어느 쪽인지 고르세요. 🔊

(1) ① カバン(鞄 가방) ② ガバン(画板 화판)
(2) ① キンメダル(金メダル 금메달) ② ギンメダル(銀メダル 은메달)
(3) ① タイヘン(大変 큰 일) ② ダイヘン(代返 대리출석)
(4) ① チテン(地点 지점) ② ジテン(事典 사전)
(5) ① テル(照る 비치다) ② デル(出る 나가다)

③ 원어민의 음성을 듣고 따라서 발음해 보세요. 🔊

(1) カバン (鞄 가방)

(2) ガバン (画板 화판)

(3) キンメダル (金メダル 금메달)

(4) ギンメダル (銀メダル 은메달)

(5) ゲンテイ (限定 한정)

(6) ケンテイ (検定 검정)

(7) タイヘン (大変 큰 일)

(8) ダイヘン (代返 대리출석)

(9) ジキュー (時給 시급)

(10) チキュー (地球 지구)

(11) テル (照る 비치다)

(12) デル (出る 나가다)

02 어중/어미의 청음
カ行과 ガ行, タ行과 ダ行

1) 발음법

カ行과 タ行의 음을 어두에서 한국인이 발음할 때는 한국어의 격음을 부드럽고 약하게 발음하면 무난하다. 하지만 カ行과 タ行음이 어중이나 어미의 위치에 오게 되면 한국인들은 유성음 즉 탁음으로 발음하는 경향이 나타난다. 그 이유는 한국어의 평음인 'ㄱ,ㄷ,ㅂ,ㅈ'이 모음과 모음 사이에 둘러 쌓이거나 비음과 모음 사이에 둘러 쌓일 때 유성음으로 소리가 나는 현상에 기인한다. 만약 カ行과 タ行음을 어중이나 어미의 위치에서 유성음으로 발음하게 되면 다른 의미의 단어가 되거나 해서 커뮤니케이션이 원활하게 이루어지지 않는다.

예) かき 柿 감 [카기]   ひとつ 一つ 하나 [히도쯔]

이러한 현상을 막기 위해서는 カ行과 タ行의 음을 어중이나 어미의 위치에서도 어두에서와 같이 한국어의 격음 또는 농음을 부드럽고 약하게 발음하면 무난하다.

예) かき 柿 감 [카키]   ひとつ 一つ 하나 [히또쯔]

2) 듣기연습

① 두 개의 발음을 듣고 같으면 ○, 다르면 ×를 선택하세요. 🔊

    (1) ○　×　　　　　　　　　(2) ○　×

    (3) ○　×　　　　　　　　　(4) ○　×

    (5) ○　×

② 원어민의 음성을 듣고 그 읽는 단어가 1, 2번 중에 어느 쪽인지 고르세요. 🔊

    (1) ① ヒトツ　一つ　하나　　　② ヒドツ

    (2) ① イタマエ　板前　숙수　　② イダマエ

    (3) ① カギ　鍵 열쇠　　　　　② カキ 柿　감

    (4) ① シンゴー　信号　신호　　② シンコー　信仰　신앙

    (5) ① カカク　価格　가격　　　② カガク　科学　과학

③ 원어민의 음성을 듣고 따라서 발음해 보세요. 🔊

    (1) イタマエ　板前　숙수　　　(2) マタ　又　또

    (3) フタツ　二つ　둘　　　　　(4) カギ　鍵　열쇠

    (5) アタマ　頭　머리　　　　　(6) カカク　価格　가격

    (7) カンコク　韓国　한국　　　(8) ダイチ　大地　대지

    (9) マダ　未だ　아직　　　　　(10) カキ　柿　감

    (11) カガク　科学　과학　　　　(12) カンゴク　監獄　감옥

03 ザ・ゼ・ゾ와 ジャ・ジェ・ジョ의 발음

1) 발음법

語頭나 撥音의 뒤에 나타나는 ざ[dza], ぜ[dze], ぞ[dzo]의 자음은, 한국어에는 존재하지 않기 때문에 한국인들은 요음 じゃ[dʒa]・じぇ[dʒe]・じょ[dʒo]로 발음하는 경향이 있다. 하지만 이 음으로 발음하면 다른 의미가 되어 버리기 때문에 주의를 요한다.

おうざ　　王座　왕좌　　　おうじゃ　　王者　임금
しんぞう　心臓　심장　　　しんじょう　心情　심정

ざ[dza], ぜ[dze], ぞ[dzo]의 자음은 혀 끝을 세워 윗니 바로 뒤의 딱딱한 살 부분에 붙였다가 조금 열어 그 사이로 폐로부터의 공기가 지나가게 하여 마찰시켜 소리를 낸다는데 주목해야 한다.

요음 じゃ[dʒa]・じぇ[dʒe]・じょ[dʒo]의 자음의 발음은 ざ[dza], ぜ[dze], ぞ[dzo]의 음보다 더 안쪽으로 혀를 더 넓게 붙였다가 조금 열어 그 사이로 폐로부터의 공기가 지나가게 하여 마찰시켜 소리를 낸다는 점이 다르다.

한국어로 ざ[dza], ぜ[dze], ぞ[dzo]의 발음은 우선 혀 끝을 세워 [사]음과 같은 위치에 혀 끝을 가볍게 붙였다가 떼면서 [으자][으제][으조]와 같이 발음한다. 요음 じゃ[dʒa]・じぇ[dʒe]・じょ[dʒo]의 발음은 한국어로 [자][제][조]를 발음하는 느낌으로 [으자][으제][으조]와 같이 발음하면 된다.

이 음의 구별은 한국인에게 어렵기 때문에 몇 번이고 원어민의 발음을 듣고 익숙해 져야만 한다.

2) 듣기연습

① 두 개의 발음을 듣고 같으면 ○, 다르면 ×를 선택하세요. 🔊

(1) ○　×　　　　　　　　　(2) ○　×

(3) ○　×　　　　　　　　　(4) ○　×

(5) ○　×

② 원어민의 음성을 듣고 그 읽는 단어가 1, 2번 중에 어느 쪽인지 고르세요. 🔊

(1) ① オージャ　王者　임금　　② オーザ　王座　왕좌

(2) ① ジャマ　邪魔　방해　　　② ザマ　様　꼬락서니

(3) ① ゼロ　ZERO　제로　　　② ジェロ

(4) ① ソーゾー　想像　상상　　② ソージョー　葬場　장례식장

(5) ① ドーゾ　부디　　　　　　② ドージョ　童女　계집아이

③ 원어민의 음성을 듣고 따라서 발음해 보세요. 🔊

(1) シンゾー　心臓　심장

(2) ジャマ　邪魔　방해

(3) ジョーリ　条理　조리

(4) ドーゾ　부디

(5) シンジョー　心情　심정

(6) ゾーリ　草履　일본짚신

04 ツ・チュ와 ズ・ジュ의 발음

1) 발음법

ツ의 자음[ts]는 혀 끝을 윗 니 바로 뒤의 딱딱한 살 부분에 붙였다가 조금 열어 그 사이로 폐로부터의 공기가 지나가게 하여 마찰시켜 소리를 낸다. 이 때 성대는 떨리지 않는다. 특히 이 음은 일본어의 'う'단임에도 불구하고 모음의 발음을 '우'가 아닌 '으'에 가깝게 발음한다는 것에 주의해야 한다. 일본어의 'つ'음은 한국어로는 '쯔'가 가장 가까운 음이지만 혀 끝을 세워 윗 니 바로 뒤의 딱딱한 살 부분에 조금 붙인다는 것이 차이가 난다. 특히 한국어의 '쓰'나 チュ[tɕɯ]와 같이 '추', '쭈'로 발음하지 않도록 주의해야 한다.

机　책상　つくえ(○)　　　ちゅくえ(×)

ズ의 자음[dz]은 혀 끝을 세워 윗니 바로 뒤의 딱딱한 살 부분에 붙였다가 조금 열어 그 사이로 폐로부터의 공기가 지나가게 하여 마찰시켜 소리를 내며 성대를 떨리게 한다. 이 음은 일본어의 'う'단임에도 불구하고 모음의 발음을 '우'가 아닌 '으'에 가깝게 발음한다는 것에 주의해야 한다. 한국어로 [으즈]에 가깝게 발음하되 혀 끝을 세워 윗니 바로 뒤의 딱딱한 살 부분에 붙였다가 조금 연다는 점에 주목해야 한다. 특히 ジュ[dʑɯ]와 같이 '주'로 발음하지 않도록 주의해야 한다.

ずのう　頭脳　두뇌　　　　　　じゅのう　受納　수납(한문투)

이 음들의 구별은 한국인에게 그렇게 어렵지는 않지만 주의하지 않으면 틀리기 쉽다. 특히 이 음들의 구별보다도 일본어 「ツ」 발음을 정확하게 할 필요가 있다.

2) 듣기연습

① 두 개의 발음을 듣고 같으면 ○, 다르면 ×를 선택하세요. 🔊

    (1) ○　×   (2) ○　×

    (3) ○　×   (4) ○　×

    (5) ○　×

② 원어민의 음성을 듣고 그 읽는 단어가 1, 2번 중에 어느 쪽인지 고르세요. 🔊

    (1) ① チューシ　中止　중지　　② ツーシ　通史　통사

    (2) ① ツトメ　勤め　근무　　② チュトメ

    (3) ① ジュズ　数珠　염주　　② ジュジュ　授受　주고받음

    (4) ① ジュモク　樹木　수목　　② ズモク

    (5) ① ズシ　図示　도시　　② ジュシ

③ 원어민의 음성을 듣고 따라서 발음해 보세요. 🔊

    (1) チューショー　抽象　추상

    (2) チューシ　中止　중지

    (3) ツーショー　通商　통상

    (4) ツーシ　通史　통사

    (5) ジュズ　数珠　염주

    (6) ジュジュ　授受　주고 받음

05 장음과 단음의 발음

1) 발음법

현대 한국어는 기본적으로 장단에 의해서는 의미구별을 하지 않는다. 하지만 일본어는 장단에 의해서 의미가 완전히 달라지기 때문에 특히 주의해야 한다. 예를 들면 다음과 같다.

ゆうき　勇気　용기　　　　　ゆき　雪　눈

일본어의 장음표기는 기본적으로 다음과 같이 나타낸다.

- あ단 음절의 장음표기: あ단의 음 뒤에「あ」를 덧붙인다.
  예) おかあさん　어머니
- い단 음절의 장음표기: い단의 음 뒤에「い」를 덧붙인다.
  예) いいえ　아니요
- う단 음절의 장음표기: う단의 음 뒤에「う」를 덧붙인다.
  예) ゆうき　勇気　용기
- え단 음절의 장음표기: え단의 음 뒤에「え」나「い」를 덧붙인다.
  예) おねえさん　누나　　　えいご　英語　영어
- お단 음절의 장음표기: お단의 음 뒤에「お」나「う」를 덧붙인다.
  예) こおり　氷　얼음　　　こうこう　高校　고교

한국어는 장단의 구별을 하지 않기 때문에 일본어의 장음발음에는 주의를 해야 하는데 특히 한어의 장음형태로 많이 등장하는 [う단 음절의 장음표기][え단 음절의 장음표기: え단의 음 뒤의 「い」][お단 음절의 장음표기: お단의 음 뒤의 「う」]에는 주의를 요한다.

くうき	空気	공기	くき	茎	줄기
えいご	英語	영어	エゴ	ego	에고
そうごう	総合	종합	そご	祖語	조어

이 음들의 구별은 한국인에게 쉽지 않기 때문에 많이 듣고 구별하여 발음해 볼 필요가 있다.

2) 듣기연습

① 두 개의 발음을 듣고 같으면 ○, 다르면 ×를 선택하세요. 🔊

(1) ○ ×   (2) ○ ×
(3) ○ ×   (4) ○ ×
(5) ○ ×

② 원어민의 음성을 듣고 그 읽는 단어가 1, 2번 중에 어느 쪽인지 고르세요. 🔊

(1) ① フトー 不当 부당   ② フートー 封筒 봉투
(2) ① ジュヨ 授与 수여   ② ジュヨー 需要 수요
(3) ① オートー 応答 응답   ② オート 嘔吐 구토
(4) ① コードー 講堂 강당   ② コドー 鼓動 고동
(5) ① コーイ 好意 호의   ② コイ 恋 사랑

③ 원어민의 음성을 듣고 따라서 발음해 보세요. 🔊

   (1) コーゴ　口語　구어

   (2) コーコー　高校　고교

   (3) ジュヨ　授与　수여

   (4) オートー　応答　응답

   (5) コードー　講堂　강당

   (6) コーイ　好意　호의

   (7) ジュヨー　需要　수요

   (8) オート　嘔吐　구토

   (9) コドー　鼓動　고동

   (10) コイ　恋　사랑

06 촉음과 비촉음의 발음

1) 발음법

한국인에게 있어 일본어의 촉음과 비촉음을 구별하여 발음하는 것은 다른 발음보다는 그렇게 어렵지는 않은 편이다. 문제점은 한국인이 촉음이 들어간 단어를 발음을 할 때 앞 음에 한국어의 받침을 붙이는 식으로 해서 발음한다는 점이다. 이것은 일본어가 시간의 길이를 같게 하는 拍의 개념을 가지는 반면 한국어는 이 개념을 가지지 않고 한 음을 덩어리로 인식하는 음절의 개념만을 갖기 때문에 생겨난다. 예를 들면 다음과 같다.

いっぱい 一杯 한잔 일본어 : 4박 한국어 : 입빠이(3음절)

이러한 현상 때문에 일본인은 한국인이 촉음을 발음하면 꽤 짧게 느껴지게 되며 때에 따라서는 촉음이 안 들어간 것처럼 들리게 되어 커뮤니케이션이 곤란하게 될 경우도 있다. 한국인들이 이러한 실수를 범하지 않기 위해서는 철저하게 같은 길이의 박으로 발음할 필요가 있다.

일본어의 촉음발음은 원칙적으로 무성자음 [p, t, k, s, ʃ] 앞에 나타나, 뒤에 나오는 자음의 형태로 한 박자분 그 상태를 지속하는 것으로 명백한 음으로 들을 수가 없고 독립된 음성을 가지고 있지 않다. 또한 강조어형이나 외래어에 있어서는 有声子音 앞에서도 촉음이 나타난다. 예를 들면 다음과 같다.

[1] 후속하는 음이 [p], 즉 ぱ行音일 경우 促音은 [p]음 상태로 한 박자분 지속한다.

いっぱい 一杯 한잔　　　　　　いっぴき 一匹 한 마리

[2] 후속하는 음이 [t], 즉 た行音일 경우 促音은 [t]음 상태로 한 박자분 지속한다.

みっつ 三つ 셋　　　　　　きって 切手 우표

[3] 후속하는 음이 [k], 즉 か行音일 경우 促音은 [k]음 상태로 한 박자분 지속한다.

ゆっくり 천천히　　　　　　いっこ 一個 한 개

[4] 후속하는 음이 [s]·[ʃ], 즉 さ行音일 경우 促音은 [s]·[ʃ]음 상태로 한 박자분 지속한다.

まっすぐ 똑바로　　　　　　さっそく 즉시

[5] 강조어형이나 외래어의 경우 有声子音 앞에서도 促音이 나타난다.

すっごい 대단하다　　　　　　バッグ 백

촉음과 비촉음의 구별은 물론이거니와 촉음을 박에 맞게 발음하고 듣는 연습이 필요하다.

2) 듣기연습

① 두 개의 발음을 듣고 같으면 ○, 다르면 ×를 선택하세요. 🔊

(1) ○　×　　　　　　(2) ○　×

(3) ○　×　　　　　　(4) ○　×

(5) ○　×

② 원어민의 음성을 듣고 그 읽는 단어가 1, 2번 중에 어느 쪽인지 고르세요. 🔊

(1) ① イッチ 一致 일치　　② イチ 一 하나
(2) ① カエテ 替えて 바꾸어　　② カエッテ 帰って 돌아와서
(3) ① キテ 来て 와(서)　　② キッテ 切って 잘라(서)
(4) ① シテ 하고　　② シッテ 知って 알고
(5) ① アッサリ 산뜻하게　　② アサリ 모시조개

③ 원어민의 음성을 듣고 따라서 발음해 보세요. 🔊

(1) イッコー 一行 일행
(2) イタイ 痛い 아프다
(3) カッコ 括弧 괄호
(4) モト 元 근원
(5) サスル 摩る 어루만지다
(6) イコー 意向 의향
(7) イッタイ 一体 도대체
(8) カコ 過去 과거
(9) モット 더욱
(10) サッスル 察する 헤아리다

07 撥音의 발음

1) 발음법

한국인에게 있어 일본어의 撥音을 구별하여 발음하는 것은 다른 발음보다는 그렇게 어렵지는 않은 편이다. 후속하는 음에 따라 撥音의 발음은 [m], [n], [ɲ], [ŋ], [N], 鼻母音(콧소리가 섞인 모음)중의 하나로 발음하면 된다. 예를 들면 다음과 같다.

[1] 후속하는 음이 [m][b][p], 즉 ま·ば·ぱ行일 때 「ん」은 [m]으로 발음됨.
   しんまい　新米　햅쌀　　　　　　かんばい　完売　다 팔림
   しんぱい　心配　걱정

[2] 후속하는 음이 [t][d][ʦ][dz][n][ɾ], 즉 い단을 제외한 た·だ·ざ·な행과 ら행일 때 「ん」은 [n]으로 발음됨.
   しんたい　身体　신체　　　　　しんどう　振動　진동
   けんざい　健在　건재　　　　　かんない　館内　관내
   しんらい　信頼　신뢰　　　　　しんり　真理　진리

[3] 후속하는 음이 [ʧ][ʤ][ɲ], 즉 ち, じ, に나 요음일 때 「ん」은 [ɲ]으로 발음된다.
   じんち　陣地　진지　　　　　かんじ　漢字　한자
   しんにん　新任　신임

[4] 후속하는 음이 [k][g][ŋ], 즉 か·が행일 때 「ん」은 [ŋ]로 발음된다.

　　しんこう　信仰　신앙　　　　　　　しんがく　進学　진학

[5] 후속하는 음이 없을 때 「ん」은 [N]인 구개수음으로 발음된다.

　　ほん　本　책

[6] 후속하는 음이 모음[a][i][ɯ][e][o], 반모음[j][w], 마찰음[h][ç][ɸ][s][ʃ], 즉 あ·や
　　·わ·さ·は행일 때 「ん」은 鼻母音으로 발음된다.

　　れんあい　恋愛　연애　　　しんや　深夜　심야
　　しんわ　神話　신화　　　　しんさ　審査　심사
　　ぜんはん　前半　전반

이 예중에서 [N], 鼻母音의 음이 [ŋ]과 구분이 가지 않는 점도 있지만 의미 구별에
크게 지장을 주지 않는다.

문제점은 한국인이 撥音이 들어간 단어를 발음할 때 앞 음에 한국어의 받침을 붙
이는 식으로 해서 발음한다는 점이다. 이것은 일본어가 시간의 길이를 같게 하는 拍
의 개념을 가지는 반면 한국어는 이 개념을 가지지 않고 한 음을 덩어리로 인식하는
음절의 개념만을 갖기 때문에 생겨난다. 예를 들면 다음과 같다.

　　せんぱい　先輩　선배　　일본어 : 4박　한국어 : 셈빠이(3음절)

이러한 현상 때문에 撥音 뒤에 모음이 나타나는 예를 다음과 같이 발음하는 경향
도 생겨난다.

　　きんえん　禁煙　금연　　→　きねん　記念　기념

또한 撥音 뒤에 모음이 오는 예를 잘못 발음하여 자음 성분을 모음 부분에 붙여서
다음과 같이 발음하는 경향도 나타난다.

きんえん　禁煙　금연　→　きんねん　近年　근래, 근년

끝으로 한국어에서 '혼란'을 [홀란]과 같이 流音化해서 발음하는 현상 또는 '중립'을 [중닙]과 같이 鼻音化시켜서 발음하는 경향 때문에 다음과 같이 잘못 발음하는 현상도 나타난다.

こんらん　混乱　혼란　→　こるらん[홀란]
こんらん　混乱　혼란　→　こんなん　困難　곤란

위와 같이 撥音의 발음은 한국인에게 있어서 한국어의 음운현상 때문에 잘못 발음하는 경향이 짙다. 이렇게 되지 않도록 반복하여 듣고 주의하여 발음할 필요가 있다.

2) 듣기연습

① 두 개의 발음을 듣고 같으면 ○, 다르면 ×를 선택하세요. 🔊

(1) ○　×　　　　　　　(2) ○　×
(3) ○　×　　　　　　　(4) ○　×
(5) ○　×

② 원어민의 음성을 듣고 그 읽는 단어가 1, 2번 중에 어느 쪽인지 고르세요. 🔊

(1) ① シンライ　信頼　신뢰　　② シンナイ　心内　마음 속
(2) ① センエン　千円　천엔　　② センネン　専念　전념
(3) ① サンリン　山林　산림　　② サンニン　三人　세 사람
(4) ① キンネン　近年　근년　　② キンエン　禁煙　금연
(5) ① コンラン　混乱　혼란　　② コンナン　困難　곤란

③ 원어민의 음성을 듣고 따라서 발음해 보세요. 🔊

   (1) キネン　記念　기념

   (2) キンネン　近年　근년

   (3) コンナン　困難　곤란

   (4) シンナイ　心内　마음 속

   (5) センネン　専念　전념

   (6) コンラン　混乱　혼란

   (7) シンライ　信頼　신뢰

   (8) センエン　千円　천엔

08 모음의 무성화

1) 발음법

일본어에 있어서 단어나 구를 발음할 때 어떤 정해진 환경에서 유성음인 모음이 무성화 되는 현상이 일어나는데 이것을 모음의 무성화라고 한다. 이 현상은 다음과 같은 경우에 일어난다(밑줄친 부분이 무성화 됨).

[1] 「イ」「ウ」가 무성자음 [k, s, ʃ, ts, tʃ, ç, ɸ, p]에 둘러쌓인 위치에 서게되면 무성화 된다. 즉 이러한 무성자음 앞에 오는 キ, ク, シュ, ス, チ, チュ, ツ, ヒ, フ, ピ, プ의 모음에 무성화가 일어난다.
　　예) きかい(機械), たくさん(沢山), しち(七), すてる(捨てる), ちかい(近い)

[2] 「イ」「ウ」뒤에 촉음이 올 경우도 무성화 된다.
　　예) きっぷ(切符), しっけ(湿気), すった(吸った), ふった(降った)

[3] 「イ」「ウ」가 무성자음과 결합해서 어말, 문말에 오고 높은 악센트가 오지 않을 때 무성화된다.
　　예) あき(秋)●○, かく(書く)●○, -です ●○, -ます ●○

[4] 광모음 [ア][オ]도 무성화 될 때가 있다. 무성화 부분은 악센트가 낮다.

예) <u>は</u>か(墓)○●,   <u>ここ</u>ろ(心)○●○,   <u>ほこ</u>り(埃)○●●

[5] 예외

きくちさん(菊池さん)의 경우, きくち가 무성음화 되어 잘 안 들리게 되는데 이럴
땐 일부의 무성음화를 생략해서 발음한다.
    예) <u>きくち</u>さん   → <u>きく</u>ちさん (菊池さん)
        <u>ふくしきこきゅう</u> → <u>ふく</u>しきこきゅう   (腹式呼吸)

위와 같은 환경에서 무성화된 모음은 한국인에게 그 음이 잘 들리지 않게 되거나
또는 앞 음에 받침과 같이 붙여서 인식하게 된다. 예를 들면 다음과 같다.

    <u>き</u>か<u>い</u>(機械)기계   키카이 → 카이
    が<u>く</u>せい(学生)학생   가쿠세에 → 각세에

한국인에게는 이 부분이 가장 큰 문제가 되기 때문에 몇 번이고 반복하여 듣고 구
별하여 발음할 필요가 있다.

2) 듣기연습

① 두 개의 발음을 듣고 같으면 ○, 다르면 ×를 선택하세요. 🔊

(1) ○ ×   (2) ○ ×
(3) ○ ×   (4) ○ ×
(5) ○ ×

② 원어민의 음성을 듣고 그 읽는 단어가 1, 2번 중에 어느 쪽인지 고르세요. 🔊

   (1) ① キシ　岸　벼랑　　　　② シ　死　죽음
   (2) ① ガクセイ　学生　학생　　② ガッセイ
   (3) ① キカイ　機械　기계　　　② カイ　貝　조개
   (4) ① ステル　捨てる　버리다　② テル　照る　비치다
   (5) ① フク　吹く　불다　　　　② ク　区　구

③ 원어민의 음성을 듣고 따라서 발음해 보세요. 🔊

   (1) フク　吹く　불다
   (2) ガクセイ　学生　학생
   (3) カイ　貝　조개
   (4) テル　照る　비치다
   (5) ホコリ　埃　먼지
   (6) カカシ　案山子　허수아비
   (7) キカイ　機械　기계
   (8) ステル　捨てる　버리다
   (9) ク　区　구

09 외래어음의 표기와 발음

1) 발음법

현재 외래어음을 일본어로 표기할 때는 일본 문화청(1974)의 외래어 표기 원칙을 더 현실화 시킨 1990년 개정한 내각고시 '외래어 표기' 원칙에 따른다. 그 내용은 다음과 같다.

① ファ, フィ, フュ, フェ, フォ는 ハ, ヒ, フ, ヘ, ホ로 쓰는 경우도 있다.
② ヴァ, ヴィ, ヴ, ヴェ, ヴォ는 일반적으로 バ, ビ, ブ, ベ, ボ로 쓸 수 있다.
③ ティ, ディ는 외래어의 ティ와 ディ에 대응하는 仮名이다.
④ チ, ジ로 쓰는 관용적인 것은 그대로 따른다.
⑤ シェ와 ジェ는 외래어의 シェ와 ジェ에 대응하는 仮名이다.
⑥ セ와 ゼ로 쓰는 관용적인 것은 그대로 따른다.
⑦ ウィ, ウェ, ウォ는 외래어의 ウィ, ウェ, ウォ에 대응하는 仮名이다.
⑧ ウイ, ウエ, ウオ로 쓰는 관용적인 것은 그대로 따른다.
⑨ テュ, デュ는 외래어의 テュ, デュ에 대응하는 仮名이며 일반적으로 チュ, ヂュ로 쓸 수 있다.
⑩ トゥ, ドゥ는 외래어 トゥ, ドゥ에 대응하는 仮名이며 일반적으로 ト, ド로 쓸 수 있다.
⑪ フュ, ヴュ는 외래어 フュ, ヴュ에 대응하는 仮名이며 일반적으로 ヒュ, ビュ로 쓸 수 있다.

이 개정안 이후에 표기는 현실 음에 더 접근하였고 외래어를 중심으로 음절의 수가 33개 더 증가했다. 이 음들의 발음과 단어의 형태를 살펴보면 다음과 같다.

(1) イェ[je]

이 음은 반모음 [j]음을 발음할 때와 마찬가지로 혀의 중간부분을 입천장 위의 중간 부분의 딱딱한 곳에 접근시켜 소리를 낸다. 이 때 성대는 떨리게 된다. 한국어로는 [예]와 같이 발음하면 된다.

イェロー yellow 노란색 (イエロー도 사용)

(2) クァ[kwa],クィ[kwi],クェ[kwe],クォ[kwo]

이 음들의 자음 음은 우선 [k]음을 발음할 때와 마찬가지로 혀 안쪽을 입천장 안쪽의 부드러운 부분에 붙였다가 떼면서 소리를 낸다. 이 때 성대는 떨리지 않게 된다. 한국어로는 [콰][퀴][퀘][쿼]음을 부드럽게 소리내면 된다.

アクァマリン aquamarine 아쿠아마린(보석) (アクアマリン도 사용)
クィーン queen 여왕
クェスチョン question 질문 (クエスチョン도 사용)
クォリティー quality 질 (クオリティ도 사용)

(3) グァ[gwa]

이 음의 자음 음은 우선 [g]음을 발음할 때와 마찬가지로 혀 안쪽을 입천장 안 쪽의 부드러운 부분에 붙였다가 떼면서 소리를 낸다.이 때 성대는 떨리게 된다.한국어로는 [ㅇ과]와 같이 소리내면 된다.

グァム Guam 괌(지명)(グアム도 사용)

(4) シェ[ʃe]

이 음의 자음 음[ʃ]은 「シ」음의 자음 음과 같이 혀 끝을 윗 니 바로 뒤의 딱딱한 살

부분 보다 더 안쪽에 접근시킨 상태에 폐로부터의 공기를 보내 마찰시켜 소리를 낸다. 이 때 성대는 떨리지 않는다. 한국어로는 [셰]와 같이 소리를 내면 된다.

シェークスピア　Shakespeare　세익스피어(인명)

(5) ジェ[ʤe]
이 음의 자음 음 [ʤ]은 「ジ」음의 자음 음과 같이 혀 끝을 윗니 바로 뒤의 딱딱한 살 부분 보다 조금 더 안 쪽에 붙였다가 조금 열어 그 사이로 폐로부터의 공기가 지나가게 하여 마찰시켜 소리를 낸다. 이 때 성대는 떨리게 된다. 한국어로는 [으제]와 같이 소리를 내면 된다.

ジェラシー　jealousy　질투

(6) チェ[ʧe]
이 음의 자음 음 [ʧ]은 「チ」음의 자음 음과 같이 혀 끝을 윗니 바로 뒤의 딱딱한 살 부분 보다 조금 더 안 쪽에 붙였다가 조금 열어 그 사이로 폐로부터의 공기가 지나가게 하여 마찰시켜 소리를 낸다. 이 때 성대는 떨리지 않는다. 한국어로는 [체] 발음을 약하고 부드럽게 발음하면 된다.

チェロ　cello　첼로

(7) ツァ[tsa], ツィ[tsi], ツェ[tse], ツォ[tso]
이 음의 자음 음 [ts]는 「ツ」음의 자음 음과 같이 혀 끝을 윗니 바로 뒤의 딱딱한 살 부분에 붙였다가 조금 열어 그 사이로 폐로부터의 공기가 지나가게 하여 마찰시켜 소리를 낸다. 이 때 성대는 떨리지 않는다. 한국어로는 [짜][찌][쩨][쪼]와 같이 발음하면 무난하다.

モーツァルト　Mozart　모짜르트(인명)
ソルジェニーツィン　solzhenitsyn　솔제니친(인명)

コンツェルン　konzern　기업합동

カンツォーネ　canzone　칸초네

(8) ティ[ti]

이 음의 자음 [t]는 「夕, テ, 卜」의 자음의 음과 같이 혀 끝을 윗니 바로 뒤의 딱딱한 살 부분에 붙였다가 급히 파열시켜 폐로부터의 공기를 나가게 하여 소리를 낸다. 이 때 성대는 떨리지 않는다. 한국어로는 [티] 발음을 약하고 부드럽게 발음하면 된다.

パーティー　party　파티

(9) トゥ[tɯ]

이 음의 자음 [t]는 「夕, テ, 卜」의 자음의 음과 같이 혀 끝을 윗니 바로 뒤의 딱딱한 살 부분에 붙였다가 급히 파열시켜 폐로부터의 공기를 나가게 하여 소리를 낸다. 이 때 성대는 떨리지 않는다. 한국어로는 [투] 발음을 약하고 부드럽게 발음하면 된다.

トゥー　two　둘(ツ―도 사용)

(10) テュ[tjɯ]

이 음의 자음 [t]는 「夕, テ, 卜」의 자음의 음과 같이 혀 끝을 윗니 바로 뒤의 딱딱한 살 부분에 붙였다가 급히 파열시켜 폐로부터의 공기를 나가게 하여 소리를 낸다. 이 때 성대는 떨리지 않는다. 한국어로는 [튜]로 발음하면 된다.

テューバ　tuba　튜바(악기이름)

(11) ディ[di]

이 음의 자음 [d]는 「ダ, デ, ド」의 자음의 음과 같이 혀 끝을 세워 윗니 뒤쪽에 붙였다가 떼면서 소리를 낸다. 이 때 성대는 떨리게 된다. 한국어로는 [으디]와 같이 발음하면 된다.

キャディー　caddie　캐디

(12) ドゥ[dɯ]

이 음의 자음 [d]는「ダ, デ, ド」의 자음의 음과 같이 혀 끝을 세워 윗니 뒤쪽에 붙였다가 떼면서 소리를 낸다. 이 때 성대는 떨리게 된다. 한국어로는 [으두]와 같이 발음하면 된다.

ヒンドゥー　Hindu　힌두(ヒンズー, ヒンヅー도 사용)

(13) デュ[djɯ]

이 음의 자음 [d]는「ダ, デ, ド」의 자음의 음과 같이 혀 끝을 세워 윗니 뒤쪽에 붙였다가 떼면서 소리를 낸다. 이 때 성대는 떨리게 된다. 한국어로는 [으듀]와 같이 발음하면 된다.

デュエット　duet　듀엣

(14) ファ[ɸa], フィ[ɸi], フェ[ɸe], フォ[ɸo]

이 음의 자음 [ɸ]는「ふ」의 자음의 음과 같이 양 입술을 좁혀 그 사이로 폐로부터의 공기가 나오면서 마찰을 일으켜 내는 소리이다. 이 때 성대의 떨림은 일어나지 않는다. 한국어로는 [화][휘][훼][훠]와 같이 발음하면 무난하다.

ファイル　file　파일　　　　　　　　フィールド　field　필드
パーフェクト　perfect　퍼팩트　　　ユニフォーム　uniform　유니폼

(15) フュ[ɸjɯ]

이 음의 자음 [ɸ]는「ふ」의 자음의 음과 같이 양 입술을 좁혀 그 사이로 폐로부터의 공기가 나오면서 마찰을 일으켜 내는 소리이다. 이 때 성대의 떨림은 일어나지 않는다. 한국어로는 [휴]와 같이 발음하면 무난하다.

フュージョン fusion 퓨전(음악의 종류)

(16) ヴァ[va], ヴィ[vi], ヴ[vɯ], ヴェ[ve], ヴォ[vo]

이 음들의 자음은 원래 [v]음인데 이 음을 실질적으로 내기는 힘들기 때문에 자음 [b]의 음으로 대신한다. 자음 [b]의 음은 ば行음의 자음과 같이 양 입술을 오므렸다가 갑자기 열면서 소리를 낸다. 이 때 성대는 떨리게 된다. 한국어로는 [으봐][으뷔][으브][으웨][으붜]와 같이 발음하면 무난하다.

ヴァイオリン violin 바이올린(バイオリン도 사용)

ヴィーナス venus 비너스

ヴェール veil 베일(ベール도 사용)

オリーヴ olive 올리브(オリーブ도 사용)

ヴォルガ Volga 볼가

(17) ヴュ[vyɯ]

이 음의 자음은 원래 [v]음인데 이 음을 실질적으로 내기는 힘들기 때문에 자음 [b]의 음으로 대신한다. 자음 [b]의 음은 ば行음의 자음과 같이 양 입술을 오므렸다가 갑자기 열면서 소리를 낸다. 이 때 성대는 떨리게 된다. 한국어로는 [으뷰]와 같이 발음하면 된다.

ヴュー view 뷰(프랑스 잡지의 일종)

(18)ウィ[wi], ウェ[we], ウォ[wo]

이 음의 자음의 음은 「わ」의 자음의 음과 같이 양 입술을 좁힌 상태에 폐로부터의 공기가 마찰되면서 나오는 소리이다. 이 때 성대는 떨리게 된다. 한국어로는 [위][웨][워]와 같이 발음하면 무난하다.

ウィンク wink 윙크   ウェット wet 젖은

ウォーター water 물

지금까지 살펴 본 음은 본래 일본어에는 없는 음이기 때문에 발음에 주의하면서 몇 번이고 반복하여 연습할 필요가 있다.

2) 듣기연습

① 두 개의 발음을 듣고 같으면 ○, 다르면 ×를 선택하세요. 🔊

(1) ○ ×   (2) ○ ×

(3) ○ ×   (4) ○ ×

(5) ○ ×

② 원어민의 음성을 듣고 그 읽는 단어가 1,2번 중에 어느 쪽인지 고르세요. 🔊

(1) ① ジャル JAL 일본항공   ② ザル 笊 소쿠리

(2) ① ウィンク wink 윙크   ② インク ink 잉크

(3) ① ファイル file 파일   ② パイル

(4) ① グァム Guam 괌(지명)   ② ガム gum 껌

(5) ① フィールド field 필드   ② ピールド

③ 원어민의 음성을 듣고 따라서 발음해 보세요. 🔊

(1) ゼリ- jelly 제리

(2) ファイル file 파일

(3) モーツァルト Mozart 모짜르트

(4) フィールド field 필드

(5) ジャル JAL 일본항공

(6) ウィンク wink 윙크

10 발음종합

[어두의 탁음], [어중/어미의 청음], [ザ·ゼ·ゾ와 ジャ·ジェ·ジョ의 발음], [ツ·チュ
와 ズ·ジュ의 발음], [장음과 단음], [촉음과 비촉음], [撥音의 발음], [모음의 무성
화], [외래어의 발음]은 한국인 틀리기 쉬운 발음이므로 지금까지 따로따로 연습해
왔다. 여기에서는 이 예들을 종합적으로 연습해 보기로 한다.

1) 듣기연습

① 두 개의 발음을 듣고 같으면 ○, 다르면 ×를 선택하세요. 🔊

(1) ○ ×   (2) ○ ×

(3) ○ ×   (4) ○ ×

(5) ○ ×   (6) ○ ×

(7) ○ ×   (8) ○ ×

(9) ○ ×   (10) ○ ×

(11) ○ ×   (12) ○ ×

② 원어민의 음성을 듣고 그 읽는 단어가 1, 2번 중에 어느 쪽인지 고르세요. 🔊

(1) ① ジキュー 時給 시급　② チキュー 地球 지구
(2) ① フタツ 二つ 둘　② フダツ
(3) ① オージャ 王者 임금　② オーザ 王座 왕좌
(4) ① ゼロ ZERO 제로　② ジェロ
(5) ① ジョーリ 条理 조리　② ゾーリ 草履 일본짚신
(6) ① ジュズ 数珠 염주　② ジュジュ 授受 주고받음
(7) ① ツーシ 通史 통사　② チューシ 中止 중지
(8) ① オートー 応答 응답　② オート 嘔吐 구토
(9) ① イッコー 一行 일행　② イコー 意向 의향
(10) ① コンラン 混乱 혼란　② コンナン 困難 곤란
(11) ① キカイ 機械 기계　② カイ 貝 조개
(12) ① ウィンク wink 윙크　② インク ink 잉크

③ 원어민의 음성을 듣고 따라서 발음해 보세요. 🔊

(1) チキュー 地球 지구　(2) オーザ 王座 왕좌
(3) ゾーリ 草履 일본짚신　(4) ジュジュ 授受 주고받음
(5) オート 嘔吐 구토　(6) コンナン 困難 곤란
(7) フタツ 二つ 둘　(8) オージャ 王者 임금
(9) ジョーリ 条理 조리　(10) ジュズ 数珠 염주
(11) オートー 応答 응답　(12) コンラン 混乱 혼란

일본어 악센트

3

01 개관

- 악센트 : 어나 문절을 구성하는 박 상호간에 인정되는 상대적인 고저관계의 규칙
- 특징
  ① 高低악센트이다.
  ② 첫번째 박과 두번째 박은 원칙적으로 높이가 다르다.
  ③ 하나의 어 또는 문절 속에서 높은 부분이 두 군데 존재하지는 않는다.
     예) 3박어 중에 ●●●   ●●○   ●○●   ○○●   ○○○ 型은 존재하지 않음

- 악센트를 이야기 할 때의 중요 용어
  악센트의 폭포 : 하나의 어 중에서 높은 곳에서 낮은 곳으로 옮겨지는 부분
  악센트의 핵 : 악센트의 폭포가 있는 직전의 박
     예) ミ˥ドリ[緑] : 뒤에서 3번째 박인 ミ 뒤에 악센트의 폭포가 있고 이 ミ에 악
        센트의 핵이 있다.

- 악센트의 형
  平板式 : 平板型-악센트의 핵을 갖지 않는 것
  起伏式 : 頭高型-악센트의 핵이 첫번째 박에 오는 것
           中高型-악센트의 핵이 첫번째 박과 마지막 박을 제외한 곳에 오는 것
           尾高型-악센트의 핵이 마지막 박에 오는 것(조사의 바로 앞)
     예) 3박어(삼각형은 조사를 의미함)
        平板型 - ○●●▶ (サクラガ 벚꽃이)

頭高型 － ●○○▷（ミ˺ドリガ 녹음이）

中高型 － ○●○▷（オガ˺シガ 과자가）

尾高型 － ○●●▷（ヤスミ˺ガ 휴식이）

- 악센트의 표기법

악센트의 표기법이 다양하지만 위의 예와 같이 악센트의 핵이 있는 부분에 [˺]
표시를 넣거나, ●(고), ○(저), ▶(조사 고), ▷(조사 저)의 기호를 이용하여 나
타내는 경우가 있다.

1) 악센트 연습

① 악센트의 핵이 있으면 ○, 핵이 없으면 ×를 선택하세요. 그리고 정답
을 확인한 후에는 정답을 보면서 주의 깊게 듣고 5번씩 발음해 보세
요. 🔊

(1) キガ(木が 나무가)　　　　　　　　○　　×

(2) カキガ(柿が 감이)　　　　　　　　○　　×

(3) タカラガ(宝が 보물이)　　　　　　○　　×

(4) ゲンダイゴガ(現代語が 현대어가)　○　　×

(5) ゴジューカタガ(五十肩が 오십견이)　○　　×

② 아래의 예에서 악센트의 핵이 있는 박이 앞에서 몇 번째 있는지 숫자
를 고르세요. 악센트의 핵이 없는 경우는 숫자 ⓪을 선택하세요. 정답
을 확인한 후에는 정답을 보며 주의 깊게 듣고 10번씩 발음연습을 해
보세요. 🔊

(1) カガ(蚊が 모기가)　　　　　　　　⓪ ① ② ③ ④ ⑤ ⑥

(2) ガキガ(餓鬼が 개구장이가)　　　　⓪ ① ② ③ ④ ⑤ ⑥

(3) タカラガ(宝が 보물이)　　　　⓪①②③④⑤⑥
(4) キンメダルガ(金メダルが 금메달이)　⓪①②③④⑤⑥
(5) ミズグスリガ(水薬が 물약이)　　　⓪①②③④⑤⑥

2) 과제

① 아래의 단어를 듣고 악센트의 핵이 없으면 ⓪을 선택하고, 핵이 있으면 앞에서 몇 번째에 있는지 번호를 택하세요. 🔊

　(1) ハガ　歯が　이가　　　　　⓪①②③④⑤⑥
　(2) ヒガ　日が　해가　　　　　⓪①②③④⑤⑥
　(3) アキガ　秋が　가을이　　　⓪①②③④⑤⑥
　(4) イヌガ　犬が　개가　　　　⓪①②③④⑤⑥
　(5) サカナガ　魚が　생선이　　⓪①②③④⑤⑥
　(6) アタマガ　頭が　머리가　　⓪①②③④⑤⑥
　(7) オトートガ　弟が　남동생이　⓪①②③④⑤⑥
　(8) ミズウミガ　湖が　호수가　　⓪①②③④⑤⑥
　(9) ミドリイロガ　緑色が　녹색이　⓪①②③④⑤⑥
　(10) ミナミカゼガ　南風が　남풍이　⓪①②③④⑤⑥

② 다음 단어를 잘 듣고 녹음하여 보세오.

　(1) キガ(木が 나무가)
　(2) カキガ(柿が 감이)
　(3) カホゴガ(過保護が 과보호가)
　(4) ゲンテイガ(限定が 한정이)
　(5) キンメダルガ(金メダルが 금메달이)

02 단순명사의 악센트

단순명사 악센트의 특징

- n박의 명사는 (n+1)개의 형을 가진다.
  예) 3박명사 : 4개의 형

- 박에 따른 형의 분포가 편중되어 있다.
  박에 따른 형의 분포상황
  ① 1박명사
  - 頭高型(尾高型) : 70% 이하
    예) キガ　木が　나무가
  - 平板型 : 30% 이상
    예) キガ　気が　기미가
  ② 2박명사
  - 頭高型 : 65% 정도
    예) ハシガ　箸が　젓가락이
  - 尾高型 : 20% 이하
    예) ハシガ　橋が　다리가
  - 平板型 : 15% 정도
    예) ハシガ　端が　끝이
  ③ 3박명사

- 頭高型 : 40% 이하

  예) メ⌐ガネガ　眼鏡が　안경이
- 中高型 : 10% 이하

  예) タマ⌐ゴガ　卵が　계란이
- 尾高型 : 5% 정도

  예) アタマ⌐ガ　頭が　머리가
- 平板型 : 50% 정도

  예) トケイガ　時計が　시계가

④ 4박명사
- 頭高型 : 10% 이하

  예) ケ⌐イザイガ　経済が　경제가
- 中高型 : 10% 이상

  예) ヒコ⌐ーキガ　飛行機が　비행기가
- 中高型 : 10% 이하

  예) ミズウ⌐ミガ　湖が　호수가
- 尾高型 : 5% 정도

  예) オトート⌐ガ　弟が　남동생이
- 平板型 : 70% 이하

  예) ガクセイガ　学生が　학생이

- 3박, 4박 명사의 경우 平板型이 차지하는 비율이 가장 높고 尾高型의 비율은 가장 낮다.
- 단순명사의 악센트는 특별한 규칙이 없기 때문에 박에 따른 비율을 인식하여 외워가는 수 밖에 없다.

1) 악센트 연습

① 악센트의 핵이 있으면 ○, 핵이 없으면 ×를 선택하세요. 그리고 정답을 확인한 후에는 정답을 보면서 주의 깊게 듣고 5번씩 발음해 보세요. 🔊

    (1) ヒガ　日が　해가　　　　　　　○　　×

    (2) アキガ　秋が　가을이　　　　　○　　×

    (3) メガネガ　眼鏡が　안경이　　　○　　×

    (4) クツシタガ　靴下が　양말이　　○　　×

    (5) ミドリイロガ　緑色が　녹색이　○　　×

② 아래의 예에서 악센트의 핵이 있는 박이 앞에서 몇 번째 있는지 숫자를 고르세요. 악센트의 핵이 없는 경우는 숫자 ⓪을 선택하세요. 정답을 확인한 후에는 정답을 보며 주의 깊게 듣고 10번씩 발음연습을 해 보세요. 🔊

    (1) ハガ　歯が　이가　　　　　　　⓪ ① ② ③ ④ ⑤ ⑥

    (2) ヒトガ　人が　사람이　　　　　⓪ ① ② ③ ④ ⑤ ⑥

    (3) アタマガ　頭が　머리가　　　　⓪ ① ② ③ ④ ⑤ ⑥

    (4) オトートガ　弟が　남동생이　　⓪ ① ② ③ ④ ⑤ ⑥

    (5) ショタイメンガ　初対面が　첫대면이　⓪ ① ② ③ ④ ⑤ ⑥

2) 과제

① 아래의 단어를 듣고 악센트의 핵이 없으면 (0)을 선택하고, 핵이 있으면 앞에서 몇 번째에 있는지 번호를 택하세요. 🔊

(1) ネガ　根が　뿌리가　　　⓪ ① ② ③ ④ ⑤ ⑥

(2) チガ　血が　피가　　　　⓪ ① ② ③ ④ ⑤ ⑥

(3) トリガ　鳥が　새가　　　⓪ ① ② ③ ④ ⑤ ⑥

(4) カミガ　髪が　머리카락이　⓪ ① ② ③ ④ ⑤ ⑥

(5) イノチガ　命が　생명이　　⓪ ① ② ③ ④ ⑤ ⑥

(6) オトコガ　男が　남자가　　⓪ ① ② ③ ④ ⑤ ⑥

(7) アサガオガ　朝顔が　나팔꽃이　⓪ ① ② ③ ④ ⑤ ⑥

(8) オトートガ　弟が　남동생이　⓪ ① ② ③ ④ ⑤ ⑥

(9) ショタイメンガ　初対面が　첫대면이　⓪ ① ② ③ ④ ⑤ ⑥

(10) ミナミカゼガ　南風が　남풍이　⓪ ① ② ③ ④ ⑤ ⑥

② 다음 단어를 잘 듣고 녹음하여 보세요. 🔊

(1) ヒガ　日が　해가

(2) アキガ　秋が　가을이

(3) アタマガ　頭が　머리가

(4) オトートガ　弟が　남동생이

(5) ショタイメンガ　初対面が　첫 대면이

03 외래어의 악센트

외래어 악센트의 특징

- 대부분 뒤에서 세번째 박에 악센트의 핵이 온다. 단 그 박이 특수박일 경우 직전의 박(뒤에서 네번째 박)에 핵이 온다.
  - バナナ 바나나   チョコレート 쵸코릿
  - ライター 라이터   コンピューター 컴퓨터   カレンダー 캘린더

- 외래어 악센트는 본래 언어(영어, 독일어, 프랑스어 등)의 악센트와 반드시 같지는 않다.
  - バナナ 바나나 banána   チョコレート 쵸코릿 chócolate

- 평판형 악센트는 외래어 악센트의 10% 정도인데 반드시 4박의 단어로 단어 끝의 2박이 「自立拍+自立拍」의 연속이고 마지막 박의 모음이 [a,e,o]일 경우에 한해서 나타남
  - イタリア 이탈리아   コンソメ 콘소메   ステレオ 스테레오

- 외래어의 악센트의 경우 미고형은 나타나기 어렵고 악센트의 핵이 단어의 뒤에서 두번째 박에 오는 경우도 꽤 드물다. 예를 제시하면 다음과 같다.
  - コーヒー 커피   ブルー 블루   ツイン 트윈

1) 악센트 연습

① 악센트의 핵이 있으면 ○, 핵이 없으면 ×를 선택하세요. 그리고 정답을 확인한 후에는 정답을 보면서 주의 깊게 듣고 5번씩 발음해 보세요. 🔊

    (1) バナナガ　바나나가　　　　　　　　○　　×

    (2) アメリカガ　아메리카가　　　　　　○　　×

    (3) コーヒーガ　커피가　　　　　　　　○　　×

    (4) ヨーロッパガ　유럽이　　　　　　○　　×

    (5) アイスクリームガ　아이스크림이　○　　×

② 아래의 예에서 악센트의 핵이 있는 박이 앞에서 몇 번째 있는지 숫자를 고르세요. 악센트의 핵이 없는 경우는 숫자 ⓪을 선택하세요. 정답을 확인한 후에는 정답을 보며 주의 깊게 듣고 10번씩 발음연습을 해 보세요. 🔊

    (1) バターガ　버터가　　　　⓪ ① ② ③ ④ ⑤ ⑥

    (2) ドライブガ　드라이브가　⓪ ① ② ③ ④ ⑤ ⑥

    (3) エジプトガ　이집트가　　⓪ ① ② ③ ④ ⑤ ⑥

    (4) マネージャーガ　매니저가　⓪ ① ② ③ ④ ⑤ ⑥

    (5) コンピューターガ　컴퓨터가　⓪ ① ② ③ ④ ⑤ ⑥

2) 과제

① 아래의 단어를 듣고 악센트의 핵이 없으면 ⓪을 선택하고, 핵이 있으면 앞에서 몇 번째에 있는지 번호를 택하세요. 🔊

(1) ゴルフガ　골프가　　　ⓞ ① ② ③ ④ ⑤ ⑥

(2) クラスガ　클래스가　　ⓞ ① ② ③ ④ ⑤ ⑥

(3) レコードガ　레코드　　ⓞ ① ② ③ ④ ⑤ ⑥

(4) アイロンガ　다리미가　ⓞ ① ② ③ ④ ⑤ ⑥

(5) ヒロインガ　여걸이　　ⓞ ① ② ③ ④ ⑤ ⑥

(6) リサイクルガ　리사이클이　ⓞ ① ② ③ ④ ⑤ ⑥

(7) チョコレートガ　쵸코릿이　ⓞ ① ② ③ ④ ⑤ ⑥

(8) カメラマンガ　카메라맨이　ⓞ ① ② ③ ④ ⑤ ⑥

(9) オンラインガ　온라인이　ⓞ ① ② ③ ④ ⑤ ⑥

(10) フォークダンスガ　포크댄스가　ⓞ ① ② ③ ④ ⑤ ⑥

② 다음 단어를 잘 듣고 녹음해 보세요. 🔊

(1) バナナガ　바나나가

(2) オレンジガ　오렌지가

(3) サッカーガ　축구가

(4) コーヒーガ　커피가

(5) アイスクリームガ　아이스크림이

04 이름의 악센트

이름 악센트의 특징

- 말미의 부분(한자)이 같으면 같은 악센트형이 되는 경향이 있다.
  - 頭高型
    こ(子):まさこ[昌子] よしこ[良子]
    し(史·詞·志·士)/じ(二·治·司·次):まさし[正志] ひろし[浩志]
    　　　　　　　　　　　　　　　　　けんじ[健二] こうじ[孝治]
  - 平板型
    み(美·実):まさみ[昌美] はるみ[春実]
    え(恵·江·枝·絵):まさえ[昌恵] かずえ[和江] きよえ[清枝] ともえ[友絵]
    お(雄·夫·男):まさお[正雄] はるお[治夫] のりお[紀男]

- 두 박을 가진 이름은 성별, 한자에 관계없이 頭高型이 된다.
  男:りょう[遼] てつ[鉄]   しょう[翔]
  女:みき[美紀] えみ[恵美] あや[綾]

- イ形容詞나 ナ形容詞를 근거로 생겨난 이름은 頭高型이 된다.
  男:あきら[明] たかし[貴] きよし[清]
  女:しずか[静] はるか[遥] さやか[清]

- 動詞로부터 파생된 이름은 平板型이 된다.
  男:まもる[守]　たもつ[保]　みのる[実]
  女:かおる[薫]　しのぶ[忍]　めぐみ[恵]

- 말미에 「一」(いち)가 붙는 이름
  ① 前部要素가 1박 또는 2박(자립박+자립박)일 경우 前部要素의 마지막 박에
     핵이 온다.
     ぎいち[義一]　きいち[喜一]　ひこいち[彦一]　まさいち[正一]
  ② 前部要素가 2박인데 2박째가 특수박인 경우는 平板型이 된다.
     こういち[浩一]　けんいち[健一]

1) 악센트 연습

① 악센트의 핵이 있으면 ○, 핵이 없으면 ×를 선택하세요. 그리고 정답
   을 확인한 후에는 정답을 보면서 주의 깊게 듣고 5번씩 발음해 보세
   요. ◀»

   (1) マサコガ　昌子が　마사코가　　○　　×
   (2) アキオガ　昭夫が　아키오가　　○　　×
   (3) ヒロシガ　浩詞が　히로시가　　○　　×
   (4) シンイチガ　真一が　신이치가　　○　　×
   (5) マモルガ　守が　마모루가　　○　　×

② 아래의 예에서 악센트의 핵이 있는 박이 앞에서 몇 번째 있는지 숫자
   를 고르세요. 악센트의 핵이 없는 경우는 숫자 ⓪을 선택하세요. 정답
   을 확인한 후에는 정답을 보며 주의 깊게 듣고 10번씩 발음연습을 해
   보세요. ◀»

(1) ハルコガ　晴子が　하루코가　　　⓪ ① ② ③ ④ ⑤ ⑥

(2) キヨエガ　清枝が　기요에가　　　⓪ ① ② ③ ④ ⑤ ⑥

(3) ノリオガ　紀男が　노리오가　　　⓪ ① ② ③ ④ ⑤ ⑥

(4) マサイチガ　正一が　마사이치가　⓪ ① ② ③ ④ ⑤ ⑥

(5) カオルガ　薫が　가오루가　　　　⓪ ① ② ③ ④ ⑤ ⑥

2) 과제

① 아래의 단어를 듣고 악센트의 핵이 없으면 ⓪을 선택하고, 핵이 있으면 앞에서 몇 번째에 있는지 번호를 택하세요. 🔊

(1) サトコガ　里子が　사토코가　　　⓪ ① ② ③ ④ ⑤ ⑥

(2) キヨミガ　清実が　기요미가　　　⓪ ① ② ③ ④ ⑤ ⑥

(3) ヒデオガ　秀男が　히데오가　　　⓪ ① ② ③ ④ ⑤ ⑥

(4) トモエガ　友絵が　도모에가　　　⓪ ① ② ③ ④ ⑤ ⑥

(5) コウイチガ　浩一が　코오이치가　⓪ ① ② ③ ④ ⑤ ⑥

(6) テツガ　鉄が　데쯔가　　　　　　⓪ ① ② ③ ④ ⑤ ⑥

(7) アキラガ　明が　아키라가　　　　⓪ ① ② ③ ④ ⑤ ⑥

(8) マドカガ　円が　마도카가　　　　⓪ ① ② ③ ④ ⑤ ⑥

(9) タモツガ　保が　다모츠가　　　　⓪ ① ② ③ ④ ⑤ ⑥

(10) メグミガ　恵が　메구미가　　　 ⓪ ① ② ③ ④ ⑤ ⑥

② 다음 단어를 잘 듣고 녹음하여 보세요.

- ハルコガ　晴子が　하루코가
- カズミガ　和美が　카즈미가
- シンイチガ　真一が　신이치가
- サヤカガ　清が　사야카가
- ミノルガ　実が　미노루가

05 복합명사의 악센트

복합명사 악센트의 특징

- 복합명사의 악센트형은 주로 後部요소(제2요소)의 길이(박수)와 악센트형에 의해 정해진다. 즉 후부요소가 같은 단어이면 앞에 오는 요소에 관계없이 원칙적으로 복합명사 전체의 악센트형은 같게 된다.
  - し(市):「し」 앞에 핵이 온다.
    おおさか｀し(大阪市)　こうべ｀し(神戸市)
  - けん(県):「けん」 앞에 핵이 온다.
    あいち｀けん(愛知県)　ぎふ｀けん(岐阜県)
  - だい｀がく(大学):뒤에서 세번째 박에 핵이 온다.
    とうきょうだい｀がく(東京大学)

- 후부요소가 2박 이하의 복합어
  - 전부요소가 3박 이상일 경우 원칙적으로 전부요소의 마지막 박에 악센트의 핵이 온다.
    く(区)　　→　ちよだ｀く(千代田区)　みな｀とく(港区)
    けん(券)　→　まえうり｀けん(前売り券)
    もち(餅)　→　かがみ｀もち(鏡餅)
    りょう(料)→　つうわ｀りょう(通話料)
  - 후부요소의 악센트 핵을 유지하는 경우는 적다.

ねこ(猫)　　→　ペルシャねこ

ビル　　　　→　こうそうビル(高層ビル)

がし(菓子)　→　こおりがし(氷菓子)

- 후부요소가 미고형인 고유어나 한어의 경우는 예외적으로 복합명사 전체가 평판형이 된다.

いろ　(色)　→　みどりいろ(緑色)

とう　(党)　→　みんしゅとう(民主党)

- 전부요소와 후부요소가 모두 2박 이하인 경우에는 복합어의 악센트 규칙이 나타나기 어렵고 단순명사의 악센트형이 나타난다.

ただ(只)　　→　ただけん(只券)　平板型

たい(大)　　→　たいかい(大会)　平板型

- 후부요소가 3박, 4박의 복합어
  - 후부요소가 頭高型이나 中高型일 경우: 후부요소의 악센트의 핵이 그대로 남는다.

    後部:頭高型　例)カメラ　→　こがたカメラ(小型カメラ)

    後部:中高型　例)ひこうき(飛行機)　→　かみひこうき(紙飛行機)

  - 후부요소가 尾高型이나 平板型일 경우: 후부요소의 앞에서 첫 번째 박에 악센트의 핵이 온다.

    後部:尾高型　例)おとこ(男)　　→　ゆきおとこ(雪男)

    後部:平板型　例)やきゅう(野球)　→　プロやきゅう(プロ野球)

  - 악센트의 핵이 후부요소의 뒤에서 2번째에 올 경우: 후부요소의 첫 번째 박에 핵이 생기는 경우도 있다.

    たまご(卵)　　　→　なまたまご(生卵)

    じょうけん(条件)　→　むじょうけん(無条件)

- 후부요소가 5박 이상인 복합어
  - 후부요소가 핵을 가질 경우 그 핵이 그대로 남고, 평판형일 경우는 그대로 평판형이 된다. 5박 이상의 단어에서는 尾高型은 거의 나타나지 않는다.

核있음 例)オリンピック   →   シドニーオリンピック

核없음 例)ぼうえんきょう   →   てんたいぼうえんきょう(天体望遠鏡)

1) 악센트 연습

① 악센트의 핵이 있으면 ○, 핵이 없으면 ×를 선택하세요. 그리고 정답
을 확인한 후에는 정답을 보면서 주의 깊게 듣고 5번씩 발음해 보세
요. 🔊

(1) クガ   区が   구가   ○   ×

(2) ミナトクガ   港区が   하루코가   ○   ×

(3) イロガ   色が   색이   ○   ×

(4) ミドリイロガ   緑色が   녹색이   ○   ×

(5) カメラガ   カメラが   카메라가   ○   ×

(6) コガタカメラガ   小型カメラが   소형카메라가   ○   ×

(7) ヤキューガ   野球が   야구가   ○   ×

(8) プロヤキューガ   プロ野球が   프로야구가   ○   ×

(9) オリンピックガ   オリンピックが   올림픽이   ○   ×

(10) シドニーオリンピックガ   シドニーオリンピックが   시드니올림픽이   ○   ×

② 아래의 예에서 악센트의 핵이 있는 박이 앞에서 몇 번째 있는지 숫자
를 고르세요. 악센트의 핵이 없는 경우는 숫자 ⓪을 선택하세요. 정답
을 확인한 후에는 정답을 보며 주의 깊게 듣고 10번씩 발음연습을 해
보세요. 🔊

(1) モチガ   餅が   떡이   ⓪ ① ② ③ ④ ⑤ ⑥ ⑦

(2) カガミモチガ   鏡餅が   가가미모찌가   ⓪ ① ② ③ ④ ⑤ ⑥ ⑦

(3) ヒコーキガ   飛行機が   비행기가   ⓪ ① ② ③ ④ ⑤ ⑥ ⑦

(4) カミヒコーキガ　紙飛行機が　종이비행기가　　⓪①②③④⑤⑥⑦

(5) オトコガ　男が　남자가　　⓪①②③④⑤⑥⑦

(6) ユキオトコガ　雪男が　설인이　　⓪①②③④⑤⑥⑦

(7) タマゴガ　卵が　달걀이　　⓪①②③④⑤⑥⑦

(8) ナマタマゴガ　生卵が　생달걀이　　⓪①②③④⑤⑥⑦

(9) ボーエンキョーガ　望遠鏡が　망원경이　　⓪①②③④⑤⑥⑦

(10) テンタイボーエンキョーガ　天体望遠鏡が　천체망원경이

⓪①②③④⑤⑥⑦⑧⑨⑩

2) 과제

① 아래의 단어를 듣고 악센트의 핵이 없으면 ⓪을 선택하고, 핵이 있으면 앞에서 몇 번째에 있는지 번호를 택하세요. 🔊

(1) ケンガ　県が　현이　　⓪①②③④⑤⑥⑦

(2) ギフケンガ　岐阜県が　기후 현이　　⓪①②③④⑤⑥⑦

(3) ウデガ　腕が　팔이　　⓪①②③④⑤⑥⑦

(4) ヒダリウデガ　左腕が　왼팔이　　⓪①②③④⑤⑥⑦

(5) カメラガ　カメラが　카메라가　　⓪①②③④⑤⑥⑦

(6) デジタルカメラガ　デジタルカメラが　디지털카메라가

⓪①②③④⑤⑥⑦

(7) ムスメガ　娘が　딸이　　⓪①②③④⑤⑥⑦

(8) ヒトリムスメガ　一人娘が　외동딸이　　⓪①②③④⑤⑥⑦

(9) モノガタリガ　物語が　이야기가　　⓪①②③④⑤⑥⑦

(10) イソップモノガタリガ　イソップ物語が　이솝이야기가

⓪①②③④⑤⑥⑦

② 다음 단어를 잘 듣고 녹음하여 보세요.

- ビルガ　ビルが　빌딩이
- コーソービルガ　高層ビルが　고층빌딩이
- オトコガ　男が　남자가
- ユキオトコガ　雪男が　설인이
- タマゴガ　卵が　달걀이
- ナマタマゴガ　生卵が　생달걀이
- オリンピックガ　オリンピックが　올림픽이
- シドニーオリンピックガ　シドニーオリンピックが　시드니올림픽이

06 단순동사의 악센트

단순동사 악센트의 특징

- 단순동사의 악센트형은 평판형과 뒤에서 두번 째에 핵이 오는 경우가 대부분이다.
  ① 終止形·連体形의 악센트
  - •평판형
    きる(着る)
    かりる(借りる)
    はたらく(働く)
    めしあがる(召し上がる)

  - • 뒤에서 두번 째 박에 핵이 오는 경우
    みる(見る)
    たべる(食べる)
    しらべる(調べる)
    かんがえる(考える)

- 終止形이 「つ」형태의 박으로 끝나는 동사는 거의 예외없이 끝에서 두번째 박에 악센트의 핵이 온다.
  예) うつ[打つ/撃つ/討つ], もつ[持つ], まつ[待つ], たつ[立つ], がつ[勝つ], たもつ[保つ], そだつ[育つ], わがつ[分かつ]

② 終止形·連体形以外의 악센트

   • 終止形이 平板型인 動詞

     終止形·連体形　　ねる(寝る)　うたう(うたう)　平板型

     否定(ない形)　　ねない　　　たわない　　　平板型

     過去(た形)　　　ねた　　　　うたった　　　平板型

     連用接続(て形)　ねて　　　　うたって　　　平板型

     条件(ば形)　　　ねれば　　　うたえば　　　:「ば」바로 앞 박에 핵이 온다.

   • 終止形의 뒤에서 두번째 박에 악센트의 핵이 오는 경우

     終止形·連体形　　　みる(見る)　　はなす(話す)

     否定(ない形)　　　みない　　　　はなさない

      :「ない」의 앞 박에 핵이 온다.

     過去(た形)　　　　みた　　　　　はなした

      :「た」를 포함하여 뒤에서 세번째 박에 핵이옴. 단, 세번째 박이 없을
      경우는 직전 박에 핵이 온다.

     連用接続(て形)　　みて　　　　　はなして

      :「て」를 포함하여 뒤에서 세번째 박에 핵이옴. 단, 세번째 박이 없을
      경우는 직전 박에 핵이 옴.

     条件(ば形)　　　　みれば　　　　はなせば

      :「ば」를 포함하여 뒤에서 세번째 박에 핵이옴.

- 동사에 「ます」가 접속할 경우에는 핵의 유무를 막론하고 어간부분의 핵이 사라
  지고 모두 「す」앞에 핵이 온다.

   예) みる(見る)　　　　みます(見ます)

     はなす(話す)　　　はなします(話します)

     きく(聞く)　　　　ききます(聞きます)

     わらう(笑う)　　　わらいます(笑います)

1) 악센트 연습

① 악센트의 핵이 있으면 ○, 핵이 없으면 ×를 선택하세요. 그리고 정답
을 확인한 후에는 정답을 보면서 주의 깊게 듣고 5번씩 발음해 보세
요. 🔊

(1) キク　聞く　듣다　　　　　　　　　○　×

(2) キカナイ　聞かない　듣지 않다　　　○　×

(3) キイタ　聞いた　들었다　　　　　　○　×

(4) キイテ　聞いて　듣고　　　　　　　○　×

(5) キケバ　聞けば　들으면　　　　　　○　×

(6) ソダテル　育てる　기르다　　　　　○　×

(7) ソダテナイ　育てない　기르지 않다　○　×

(8) ソダテタ　育てた　길렀다　　　　　○　×

(9) ソダテテ　育てて　기르고　　　　　○　×

(10) ソダテレバ　育てれば　기르면　　　○　×

② 아래의 예에서 악센트의 핵이 있는 박이 앞에서 몇 번째 있는지 숫자
를 고르세요. 악센트의 핵이 없는 경우는 숫자 ⓪을 선택하세요. 정답
을 확인한 후에는 정답을 보며 주의 깊게 듣고 10번씩 발음연습을 해
보세요. 🔊

(1) ヨム　読む　읽다　　　　　　　　⓪ ① ② ③ ④ ⑤ ⑥

(2) ヨマナイ　読まない　읽지 않다　　⓪ ① ② ③ ④ ⑤ ⑥

(3) ヨンダ　読んだ　읽었다　　　　　⓪ ① ② ③ ④ ⑤ ⑥

(4) ヨンデ　読んで　읽고　　　　　　⓪ ① ② ③ ④ ⑤ ⑥

(5) ヨメバ　読めば　읽으면　　　　　⓪ ① ② ③ ④ ⑤ ⑥

(6) オシエル　教える　가르치다　　　⓪ ① ② ③ ④ ⑤ ⑥

(7) オシエナイ　教えない　가르치지 않다　⓪ ① ② ③ ④ ⑤ ⑥

(8) オシエタ　教えた　가르쳤다　⓪①②③④⑤⑥

(9) オシエテ　教えて　가르치고　⓪①②③④⑤⑥

(10) オシエレバ 教えれば　가르치면　⓪①②③④⑤⑥

2) 과제

① 아래의 단어를 듣고 악센트의 핵이 없으면 ⓪을 선택하고, 핵이 있으면 앞에서 몇 번째에 있는지 번호를 택하세요. 🔊

(1) オヨグ　泳ぐ　헤엄치다　⓪①②③④⑤⑥

(2) オヨガナイ　泳がない　헤엄치지 않다　⓪①②③④⑤⑥

(3) オヨイダ　泳いだ　헤엄쳤다　⓪①②③④⑤⑥

(4) オヨイデ　泳いで　헤엄치고　⓪①②③④⑤⑥

(5) オヨゲバ　泳げば　헤엄치면　⓪①②③④⑤⑥

(6) ツカレル　疲れる　피곤하다　⓪①②③④⑤⑥

(7) ツカレナイ　疲れない　피곤하지 않다　⓪①②③④⑤⑥

(8) ツカレタ　疲れた　피곤했다　⓪①②③④⑤⑥

(9) ツカレテ　疲れて　피곤해서　⓪①②③④⑤⑥

(10) ツカレレバ　疲れれば　피곤하면　⓪①②③④⑤⑥

② 다음 단어를 잘 듣고 녹음하여 보세요. 🔊

- ヨム　読む　읽다
- ヨマナイ　読まない　읽지 않다
- ヨンダ　読んだ　읽었다
- ヨンデ　読んで　읽고
- ヨメバ　読めば　읽으면
- オシエル　教える　가르치다
- オシエナイ　教えない　가르치지 않다

- オシエタ　教えた　가르쳤다
- オシエテ　教えて　가르치고
- オシエレバ　教えれば　가르치면

07 복합동사의 악센트

복합동사 악센트의 특징

- 앞동사의 악센트에 따라 결정된다.

  ① 앞 동사가 평판식 동사일 경우 원칙적으로 뒤에서 2번째 악센트의 핵이 온다.

  - 平板式＋平板式

    カウ（買う）＋アゲル（上げる）＝カイアゲル（買い上げる）

  - 平板式＋起伏式

    ナク（泣く）＋ダス（出す）＝ナキダス（泣き出す）

  ② 앞 동사가 기복식 동사일 경우 원칙적으로 평판형이 된다.

  - 起伏式＋平板式

    カク（書く）＋ヤム（止む）＝カキヤム（書き止む）

  - 起伏式＋起伏式

    ミル（見る）＋ゴム（込む）＝ミコム（見込む）

- 단 강조의 뜻을 갖는 복합동사는 앞 동사의 악센트의 핵을 살리는 경향이 있다.

  コク（扱く）＋ツカウ（使う）＝ゴキツカウ（扱き使う）

1) 악센트 연습

① 악센트의 핵이 있으면 ○, 핵이 없으면 ×를 선택하세요. 그리고 정답을 확인한 후에는 정답을 보면서 주의 깊게 듣고 5번씩 발음해 보세요. 🔊

    (1) カウ　買う　사다　　　　　　　　　　○　　×

    (2) アゲル　上げる　올리다　　　　　　　○　　×

    (3) カイアゲル　買い上げる　매상하다　○　　×

    (4) ナク　泣く　울다　　　　　　　　　　○　　×

    (5) ダス　出す　내놓다　　　　　　　　○　　×

    (6) ナキダス　泣き出す　울기 시작하다　○　　×

    (7) ツクル　作る　만들다　　　　　　　○　　×

    (8) タテル　立てる　세우다　　　　　　○　　×

    (9) ツクリタテル　作り立てる　완성시키다　○　　×

② 아래의 예에서 악센트의 핵이 있는 박이 앞에서 몇 번째 있는지 숫자를 고르세요. 악센트의 핵이 없는 경우는 숫자 ⓪을 선택하세요. 정답을 확인한 후에는 정답을 보며 주의 깊게 듣고 10번씩 발음연습을 해보세요. 🔊

    (1) トル　取る　취하다　　　　　　　　⓪ ① ② ③ ④ ⑤ ⑥

    (2) カエル　替える　바꾸다　　　　　⓪ ① ② ③ ④ ⑤ ⑥

    (3) トリカエル　取り替える　교환하다　⓪ ① ② ③ ④ ⑤ ⑥

    (4) タタク　叩く　두드리다　　　　　⓪ ① ② ③ ④ ⑤ ⑥

    (5) ツケル　付ける　붙이다　　　　　⓪ ① ② ③ ④ ⑤ ⑥

    (6) タタキツケル　叩き付ける　내동댕이치다　⓪ ① ② ③ ④ ⑤ ⑥

    (7) カタル　語る　말하다　　　　　　⓪ ① ② ③ ④ ⑤ ⑥

    (8) アカス　明かす　밝히다　　　　　⓪ ① ② ③ ④ ⑤ ⑥

(9) カタリアカス　語り明かす　밤새 이야기하다　⓪ ① ② ③ ④ ⑤ ⑥

2) 과제

① 아래의 단어를 듣고 악센트의 핵이 없으면 ⓪을 선택하고, 핵이 있으면 앞에서 몇 번째에 있는지 번호를 택하세요. 🔊

    (1) カク　書く　쓰다　　　　　　　　　　⓪ ① ② ③ ④ ⑤ ⑥

    (2) ヤム　止む　멈추다　　　　　　　　　⓪ ① ② ③ ④ ⑤ ⑥

    (3) カキヤム　書き止む　그만 쓰다　　　⓪ ① ② ③ ④ ⑤ ⑥

    (4) カジル　齧る　갉다　　　　　　　　　⓪ ① ② ③ ④ ⑤ ⑥

    (5) ツク　付く　붙다　　　　　　　　　　⓪ ① ② ③ ④ ⑤ ⑥

    (6) カジリツク　齧り付く　물어 뜯다　　⓪ ① ② ③ ④ ⑤ ⑥

② 다음 단어를 잘 듣고 녹음하여 보세요. 🔊

- カウ　買う　사다
- アゲル　上げる　올리다
- カイアゲル　買い上げる　매상하다
- ナク　泣く　울다
- ダス　出す　내놓다
- ナキダス　泣き出す　울기 시작하다
- ツクル　作る　만들다
- タテル　立てる　세우다
- ツクリタテル　作り立てる　완성시키다

08 단순 형용사의 악센트

단순 형용사 악센트의 특징

- 단순 형용사의 악센트형은 평판형과 뒤에서 두번 째에 핵이 오는 경우가 대부분
  인데 후자가 전자보다 훨씬 많다.
  ① 終止形·連体形의 악센트
    • 평판형
    あかい(赤い)
    あまい(甘い)
    つめたい(冷たい)

    • 뒤에서 두번 째 박에 핵이 오는 경우
    あおい(青い)
    しろい(白い)
    あづい(暑い)

  ② 終止形·連体形以外의 악센트
    • 終止形이 平板型인 形容詞
      - 連用形만 平板型이 되고 그 밖의 활용형에서는 語幹의 마지막 박에 핵
        이 온다.
        終止形·連体形   :まるい(円い) 平板型

連用形[く形]　　　：まるく　　　　　平板型

連用接続形[て形]　：まるくて

過去形[た形]　　　：まるかった

条件形[ば形]　　　：まるければ

- 終止形의 뒤에서 두번째 박에 악센트의 핵이 오는 形容詞
  - 終止形에 대해서 核이 왼쪽으로 한 박 옮겨진다.

　　終止形・連体形　　：ひろい (広い)

　　連用形[く形]　　　：ひろく

　　連用接続形[て形]　：ひろくて

　　過去形[た形]　　　：ひろかった

　　条件形[ば形]　　　：ひろければ

1) 악센트 연습

① 악센트의 핵이 있으면 ○, 핵이 없으면 ×를 선택하세요. 그리고 정답을 확인한 후에는 정답을 보면서 주의 깊게 듣고 5번씩 발음해 보세요. ◀))

(1) アカイ　赤い　빨갛다　　　　　　　　　　○　　×

(2) アカク　赤く　빨갛게　　　　　　　　　　○　　×

(3) アカクテ　赤くて　빨갛고　　　　　　　　○　　×

(4) アカカッタ　赤かった　빨갰다　　　　　　○　　×

(5) アカケレバ　赤ければ　빨가면　　　　　　○　　×

(6) アタラシイ　新しい　새롭다　　　　　　　○　　×

(7) アタラシク　新しく　새롭게　　　　　　　○　　×

(8) アタラシクテ　新しくて　새롭고　　　　　○　　×

(9) アタラシカッタ　新しかった　새로웠다　　○　　×

(10) アタラシケレバ　新しければ　새로우면　　　　○　　　×

② 아래의 예에서 악센트의 핵이 있는 박이 앞에서 몇 번째 있는지 숫자를 고르세요. 악센트의 핵이 없는 경우는 숫자 ⓪을 선택하세요. 정답을 확인한 후에는 정답을 보며 주의 깊게 듣고 10번씩 발음연습을 해보세요. 🔊

(1) アオイ　青い　파랗다　　　　　　⓪①②③④⑤⑥
(2) アオク　青く　파랗게　　　　　　⓪①②③④⑤⑥
(3) アオクテ　青くて　파랗고　　　　⓪①②③④⑤⑥
(4) アオカッタ　青かった　파랬다　　⓪①②③④⑤⑥
(5) アオケレバ　青ければ　파라면　　⓪①②③④⑤⑥
(6) アカルイ　明るい　밝다　　　　　⓪①②③④⑤⑥
(7) アカルク　明るく　밝게　　　　　⓪①②③④⑤⑥
(8) アカルクテ　明るくて　밝고　　　⓪①②③④⑤⑥
(9) アカルカッタ　明るかった　밝았다　⓪①②③④⑤⑥
(10) アカルケレバ　明るければ　밝으면　⓪①②③④⑤⑥

2) 과제

① 아래의 단어를 듣고 악센트의 핵이 없으면 ⓪을 선택하고, 핵이 있으면 앞에서 몇 번째에 있는지 번호를 택하세요. 🔊

(1) クライ　暗い　어둡다　　　　　　⓪①②③④⑤⑥
(2) クラク　暗く　어둡게　　　　　　⓪①②③④⑤⑥
(3) クラクテ　暗くて　어둡고　　　　⓪①②③④⑤⑥
(4) クラカッタ　暗かった　어두웠다　⓪①②③④⑤⑥
(5) クラケレバ　暗ければ　어두우면　⓪①②③④⑤⑥

(6) オイシイ　美味しい　맛있다　　　⓪①②③④⑤⑥

(7) オイシク　美味しく　맛있게　　　⓪①②③④⑤⑥

(8) オイシクテ　美味しくて　맛있고　⓪①②③④⑤⑥

(9) オイシカッタ　美味しかった　맛있었다　⓪①②③④⑤⑥

(10) オイシケレバ　美味しければ　맛있으면　⓪①②③④⑤⑥

② 다음 단어를 잘 듣고 녹음하여 보세요. 🔊

- アオイ　青い　파랗다
- アオク　青く　파랗게
- アオクテ　青くて　파랗고
- アオカッタ　青かった　파랬다
- アオケレバ　青ければ　파라면
- アカルイ　明るい　밝다
- アカルク　明るく　밝게
- アカルクテ　明るくて　밝고
- アカルカッタ　明るかった　밝았다
- アカルケレバ　明るければ　밝으면

09 복합 형용사의 악센트

복합 형용사 악센트의 특징

- 앞부분 요소의 악센트 핵이 없어지고 원칙적으로 뒷부분 요소의 끝에서 두 번째에 악센트의 핵이 온다.
- 뒷 부분 요소가 평판형인 경우 그 악센트 형을 남겨도 좋다. 하지만 요즈음은 평판형도 뒷부분 요소의 끝에서 두 번째에 악센트의 핵이 오는 경우가 많다.

しろい　　　　　　　→　　あおじろい
くらい　平板型　　　→　　ほのぐらい
やさしい　平板型　　→　　なまやさしい　平板型

- 복합형용사 활용형의 악센트 : 終止形에 대해서 核이 왼쪽으로 한 박 옮겨진다.
　終止形·連体形　　　:あおじろい（青白い）
　連用形[く形]　　　　:あおじろく
　連用接続形[て形]　　:あおじろくて
　過去形[た形]　　　　:あおじろかった
　条件形[ば形]　　　　:あおじろければ

1) 악센트 연습

① 악센트의 핵이 있으면 ○, 핵이 없으면 ×를 선택하세요. 그리고 정답을 확인한 후에는 정답을 보면서 주의 깊게 듣고 5번씩 발음해 보세요. 🔊

    (1) クライ　暗い　어둡다　　　　　　　　　　　○　　×

    (2) ウスグライ　薄暗い　어둑어둑하다　　　　　○　　×

    (3) ウスグラク　薄暗く　어둑어둑하게　　　　　○　　×

    (4) ウスグラクテ　薄暗くて　어둑어둑하고　　　○　　×

    (5) ウスグラカッタ　薄暗かった　어둑어둑했다　○　　×

    (6) ウスグラケレバ　薄暗ければ　어둑어둑하면　○　　×

    (7) ホソイ　細い　가늘다　　　　　　　　　　　○　　×

    (8) ココロボソイ　心細い　허전하다　　　　　　○　　×

    (9) ココロボソク　心細く　허전하게　　　　　　○　　×

    (10) ココロボソクテ　心細くて　허전하고　　　　○　　×

    (11) ココロボソカッタ　心細かった　허전했다　　○　　×

    (12) ココロボソケレバ　心細ければ　허전하면　　○　　×

② 아래의 예에서 악센트의 핵이 있는 박이 앞에서 몇 번째 있는지 숫자를 고르세요. 악센트의 핵이 없는 경우는 숫자 ⓪을 선택하세요. 정답을 확인한 후에는 정답을 보며 주의 깊게 듣고 10번씩 발음연습을 해 보세요. 🔊

    (1) シロイ　白い　하얗다　　　　　　　　⓪①②③④⑤⑥⑦

    (2) マッシロイ　真っ白い　새하얗다　　　　⓪①②③④⑤⑥⑦

    (3) マッシロク　真っ白く　새하얗게　　　　⓪①②③④⑤⑥⑦

    (4) マッシロクテ　真っ白くて　새하얗고　　⓪①②③④⑤⑥⑦

    (5) マッシロカッタ　真っ白かった　새하얬다　⓪①②③④⑤⑥⑦

(6) マッシロケレバ　真っ白ければ　새하야면　⓪①②③④⑤⑥⑦

(7) カナシイ　悲しい　슬프다　⓪①②③④⑤⑥⑦

(8) モノガナシイ　物悲しい　구슬프다　⓪①②③④⑤⑥⑦

(9) モノガナシク　物悲しく　구슬프게　⓪①②③④⑤⑥⑦

(10) モノガナシクテ　物悲しくて　구슬프고　⓪①②③④⑤⑥⑦

(11) モノガナシカッタ　物悲しかった　구슬펐다　⓪①②③④⑤⑥⑦

(12) モノガナシケレバ　物悲しければ　구슬프면　⓪①②③④⑤⑥⑦

2) 과제

① 아래의 단어를 듣고 악센트의 핵이 없으면 ⓪을 선택하고, 핵이 있으면 앞에서 몇 번째에 있는지 번호를 택하세요. 🔊

(1) ナマヌルイ　生ぬるい　미적지근하다　⓪①②③④⑤⑥⑦

(2) ナマヌルク　生ぬるく　미적지근하게　⓪①②③④⑤⑥⑦

(3) ナマヌルクテ　生ぬるくて　미적지근하고　⓪①②③④⑤⑥⑦

(4) ナマヌルカッタ　生ぬるかった　미적지근했다　⓪①②③④⑤⑥⑦

(5) ナマヌルケレバ　生ぬるければ　미적지근하면　⓪①②③④⑤⑥⑦

(6) マンマルイ　真ん丸い　동그랗다　⓪①②③④⑤⑥⑦

(7) マンマルク　真ん丸く　동그랗게　⓪①②③④⑤⑥⑦

(8) マンマルクテ　真ん丸くて　동그랗고　⓪①②③④⑤⑥⑦

(9) マンマルカッタ　真ん丸かった　동그랬다　⓪①②③④⑤⑥⑦

(10) マンマルケレバ　真ん丸ければ　동그라면　⓪①②③④⑤⑥⑦

② 다음 단어를 잘 듣고 녹음하여 보세요. 🔊

• シロイ　白い　하얗다

• マッシロイ　真っ白い　새하얗다

- マッシロク　真っ白く　새하얗게
- マッシロクテ　真っ白くて　새하얗고
- マッシロカッタ　真っ白かった　새하얬다
- マッシロケレバ　真っ白ければ　새하야면
- クライ　暗い　어둡다
- ウスグライ　薄暗い　어둑어둑하다
- ウスグラク　薄暗く　어둑어둑하게
- ウスグラクテ　薄暗くて　어둑어둑하고
- ウスグラカッタ　薄暗かった　어둑어둑했다
- ウスグラケレバ　薄暗ければ　어둑어둑하면

일본어 인토네이션

4

일본어 인토네이션

(1) 인토네이션의 정의

– 발화 중에 화자의 표현의도를 나타내기 위해 문말 등에 나타나는 음성의 억양

(2) 인토네이션의 특징

– 어에 따라 정해져 있는 것이 아니라 장면이나 상황에 따라 어떠한 문, 어떠한 단어의 연속체에 적용된다.
– 악센트의 형을 거스르지 않고 나타나는 것이 일반적이다.
– 사회적인 관습성은 약하고 대부분의 언어(방언)에 어느 정도 공통되게 인정되어지는 경우가 많다(예:의문문은 문말을 올려서 말함).

(3) 인토네이션의 타입

① 上昇調（ ╱ ） 의문, 확인, 의견을 구함.
② 下降調（ ╲ ） 단정, 명령.
③ 下降上昇調（ ╲╱ ） 의심, 놀람, 기쁨.
④ 平板調（ → ） 머뭇거림, 말이 계속됨.

例) ① そうですか ╱ （의문）
　　② そうですか ╲ （기쁨）
　　③ そうですか ╲╱ （의심）
　　④ そうじゃない ╲ （부정）
　　⑤ そうじゃない ╱ （의견을 구함）
　　⑥ そうでしょう ╱ （확인）
　　⑦ そうでしょう ╲ （추측）
　　⑧ そうですね ╱ （확인）
　　⑨ そうですね → （머뭇거림）

1) 인토네이션 연습

① 다음 문장의 인토네이션이 어떤 의미를 나타내는지 번호를 고르세요.
   정답을 확인한 후에는 정답을 보면서 주의 깊게 듣고 5번씩 발음해보
   세요. 🔊

(1) 彼(かれ)はいい人(ひと)じゃない。(↘)

　　① 의견을 구함　　　　　　② 단정

(2) 彼(かれ)はいい人(ひと)じゃない。(↗)

　　① 의견을 구함　　　　　　② 단정

(3) 彼(かれ)はいい人(ひと)じゃない。(↘↗)

　　① 의견을 구함　　　　　　② 놀람

(4) これでいいですね。(↗)

　　① 확인　　　　　　　　　② 의심

(5) そうですね。(→)

　　① 단정　　　　　　　　　② 머뭇거림

(6) 本当(ほんとう)にそうですか。(↘↗)

　　① 단정　　　　　　　　　② 의심

(7) たぶん、そうでしょう。(↘)

　　① 추측　　　　　　　　　② 의문

(8) あなたも行くでしょう(↗)

　　① 확인　　　　　　　　　② 단정

(9) そうですか。(↗)

　　① 머뭇거림　　　　　　　② 의문

(10) これでいいですか。(↘↗)

　　① 의심　　　　　　　　　② 확인

2) 과제

① 원어민의 음성을 듣고 그 읽는 것이 1, 2번 중에 어느 쪽인지 고르세요. 🔊

(1) ① コンラン 混乱 혼란   ② コンナン 困難 곤란
(2) ① キシ 騎士 기사   ② ギシ 技師 기사
(3) ① オージャ 王者 임금   ② オーザ 王座 왕좌
(4) ① ユーキ 勇気 용기   ② ユキ 雪 눈
(5) ① ジョーリ 条理 조리   ② ゾーリ 草履 일본짚신
(6) ① ジュズ 数珠 염주   ② ジュジュ 授受 주고받음
(7) ① イツツ 五つ 다섯   ② イチュチュ
(8) ① コーコー 高校 고교   ② ココー 戸口 호구
(9) ① ニッコー 日光 닛코(지명)   ② ニコー 二項 이항
(10) ① クシ 櫛 빗   ② シ 死 죽음

② 다음 문장을 보고 전달의도에 맞게 인토네이션에 주의하면서 읽어보고 녹음하세요.

- 彼(かれ)はいい人(ひと)じゃない。(↘) 단정
- 彼(かれ)はいい人(ひと)じゃない。(↗) 의견을 구함
- 彼(かれ)はいい人(ひと)じゃない。(↘↗) 놀람
- これでいいですね。(↗) 확인
- そうですね。(→) 머뭇거림
- 本当にそうですか。(↘↗) 의심
- たぶん、そうでしょう。(↘) 추측
- あなたも行くでしょう(↗) 확인
- そうですか。(↗) 의문
- これでいいですか。(↘↗) 의심

쉐도잉 연습

여기에서는 쉐도잉 연습을 합니다. 이 연습은 원어민이 말하는 것을 동시에 소리 내어 따라서 발음해 보는 것으로 자연스럽게 악센트와 인토네이션을 익힐 수 있습니다. 최소한 5번씩 소리내어 연습을 해 보시고 원어민의 음성을 들으면서 동시에 자신의 발음을 해 보십시오.

5

01 인사표현과 명사문 I

(1) 다음의 문장을 들으면서 바로 따라서 발음해 보세요. 최소한 5번씩은 반복연습하세요. 🔊

① A : はじめまして。金(キム)です。どうぞよろしくおねがいします。
　　　처음 뵙겠습니다. 김[이름]입니다. 잘 부탁합니다.
　　B : はじめまして。佐藤(さとう)です。よろしくおねがいします。
　　　처음 뵙겠습니다. 사토입니다. 잘 부탁합니다.

② A : 金(キム)さんは学生(がくせい)ですか。
　　　김[이름] 씨는 학생입니까?
　　B : はい、そうです。
　　　네, 그렇습니다.

③ A : 金(キム)さんは学生(がくせい)ですか。
　　　김[이름] 씨는 학생입니까?
　　B : いいえ、学生(がくせい)ではありません。会社員(かいしゃいん)です。
　　　아니요, 학생이 아닙니다. 회사원입니다.

(2) 다음의 문장을 들으면서 바로 따라서 발음해 보세요. 최소한 5번씩은 반복연습하세요. 🔊

日本語 : ここでは、まず、日本語（にほんご）の音声（おんせい）のしくみについてお話（はなし）しましょう。
해석: 여기에서는 우선 일본어 음성의 구조에 대해서 이야기해 봅시다.

02 명사문Ⅱ

(1) 다음의 문장을 들으면서 바로 따라서 발음해 보세요. 최소한 5번씩은 반복연습하세요. 🔊

① 지칭하는 물건이 A쪽에서는 멀고 B쪽에서는 가까울 경우

    A : それは何(なん)ですか。

       그것은 무엇입니까?

    B : これは本(ほん)です。

       이것은 책입니다.

    A : 何(なん)の本(ほん)ですか。

       무슨 책입니까?

    B : 日本語(にほんご)の本(ほん)です。

       일본어 책입니다.

    A : 誰(だれ)のですか。

       누구 것입니까?

    B : 私(わたし)のです。

       제 것입니다.

② A와 B가 서로 가까이에 있고 지칭하는 것이 멀리 있을 경우

    A : あれは何(なん)ですか。

저것은 무엇입니까?

B : どれですか。

어느 것 말입니까?

A : あれです。

저거 말입니다.

B : ああ、あれですか。学校(がっこう)です。

아아, 저거 말입니까? 학교입니다.

③ A와 B가 서로 다른 장소에 있을 경우

A : そこはどこですか。

거기는 어디입니까?

B : ここは図書館(としょかん)です。

여기는 도서관입니다.

④ 구체적인 장소를 묻는 질문에 손으로 가리키면서 대답할 경우

A : トイレはどこですか。

화장실은 어디입니까?

B : あそこです。

저기입니다.

⑤ 구체적인 장소를 묻는 질문에 위치명사를 이용하여 대답할 경우

A : 銀行(ぎんこう)はどこですか。

은행은 어디입니까?

B : あの建物(たてもの)の後(うし)ろです。

저 건물 뒤입니다.

⑥ 단순히 방향을 물을 경우

A : 東京駅(とうきょうえき)はどちらですか。

동경역은 어느 쪽 입니까?

B : こちらです。
　　이 쪽 입니다.

(2) 다음의 문장을 들으면서 바로 따라서 발음해 보세요. 최소한 5번씩은
　　반복연습하세요. 🔊

日本語 : ここでは、まず、日本語(にほんご)の音声(おんせい)のしくみについてお
　　　　話(はなし)しましょう。
해석: 여기에서는 우선 일본어 음성의 구조에 대해서 이야기해 봅시다.

日本語 : 言葉(ことば)を話(はな)すということは、自分(じぶん)の考(かんが)えて
　　　　いることを音(おと)にあらわし、人(ひと)に伝(つた)える行動(こうどう)
　　　　です。
해석: 말을 한다는 것은 자신이 생각하고 있는 것을 음으로 나타내고 남에게 전
　　　달하는 행동입니다

03 수사I, 존재표현

(1) 다음의 문장을 들으면서 바로 따라서 발음해 보세요. 최소한 5번씩은 반복연습하세요. 🔊

① A : これを三(みっ)つください。
　　　이것을 세 개 주세요.
　 B : はい、分(わ)かりました。
　　　예, 알겠습니다.

② A : これはいくらですか。
　　　이것은 얼마입니까?
　 B : 2500円(えん)です。
　　　2500엔입니다.

③ A : 佐藤(さとう)さんの研究室(けんきゅうしつ)は何階(なんがい)ですか。
　　　사토 씨의 연구실은 몇 층입니까?
　 B : 5階(かい)です。
　　　5층입니다.

④ A : いま何時(なんじ)ですか。
　　　지금 몇 시 입니까?

B：四時（よじ）二十分（にじゅっぷん）です。
4시 20분입니다.

⑤ A：あなたの携帯（けいたい）の番号（ばんごう）は何番（なんばん）ですか。
당신의 핸드폰 전화번호는 몇 번입니까?

B：010（ぜろいちぜろ）2424（によんによん）の 4989（よんきゅうはちきゅう）です。
010-2424-4989입니다.

⑥ A：机（つくえ）の上（うえ）に何（なに）がありますか。
책상 위에 무엇이 있습니까?

B：本（ほん）とノートがあります。
책과 노트가 있습니다.

⑦ A：教室（きょうしつ）の中（なか）に学生（がくせい）は何人（なんにん）いますか。
교실 안에 학생은 몇 명 있습니까?

B：四人（よにん）います。
4명 있습니다.

(2) 다음의 문장을 들으면서 바로 따라서 발음해 보세요. 최소한 5번씩은 반복연습하세요. 🔊

日本語：ここでは、まず、日本語（にほんご）の音声（おんせい）のしくみについてお
　　　　話（はなし）しましょう。
해석：여기에서는 우선 일본어 음성의 구조에 대해서 이야기해 봅시다.

日本語：言葉（ことば）を話（はな）すということは、自分（じぶん）の考（かんが）えて
　　　　いることを音（おと）にあらわし、人（ひと）に伝（つた）える行動（こうどう）
　　　　です。

해석 : 말을 한다는 것은 자신이 생각하고 있는 것을 음으로 나타내고 남에게
      전달하는 행동입니다.

日本語 : 言葉(ことば)として用(もち)いられる音(おと)を音声(おんせい)と言
       (い)います。
해석 : 말로써 사용 되어지는 음을 음성이라고 합니다.

04 수사Ⅱ, イ형용사문(현재형)

(1) 다음의 문장을 들으면서 바로 따라서 발음해 보세요. 최소한 5번씩은 반복연습 하세요. 🔊

① 월·일 표현

　A : 田中(たなか)さんのお誕生日(たんじょうび)はいつですか。
　　　다나카상의 생일은 언제입니까?

　B : 四月(しがつ)二十日(はつか)です。
　　　사월 이십일입니다.

② 요일 표현(1)

　A : 七月(しちがつ)十四日(じゅうよっか)は何曜日(なんようび)ですか。
　　　칠월 십사 일은 무슨 요일입니까?

　B : 水曜日(すいようび)です。
　　　수요일입니다.

③ 요일 표현(2)

　A : 土曜日(どようび)は何月(なんがつ)何日(なんにち)でしたか。
　　　토요일은 몇 월 며칠이었습니까?

　B : 九月(くがつ)二十四日(にじゅうよっか)でした。

구월 이십사 일이었습니다.

④ 「～いです」

    A：どうなさいますか。

       어떻게 하시겠습니까?

    B：うしろがちょっと長(なが)いです。短(みじか)くしてください。

       뒤가 좀 깁니다. 짧게 해 주세요.

    A：はい、分(わ)かりました。

       예 알겠습니다.

⑤ 「～くありません」

    A：佐藤(さとう)さんの妹(いもうと)さんは背(せ)が高(たか)いですか。

       사토씨 여동생은 키가 큽니까?

    B：いいえ、高(たか)くありません。低(ひく)いです。

       아니요. 크지 않습니다. 작습니다.

(2) 다음의 문장을 들으면서 바로 따라서 발음해 보세요. 최소한 5번씩은 반복연습 하세요. 🔊

    日本語：ここでは、まず、日本語(にほんご)の音声(おんせい)のしくみについてお話(はなし)しましょう。

    해석: 여기에서는 우선 일본어 음성의 구조에 대해서 이야기해 봅시다.

    日本語：言葉(ことば)を話(はな)すということは、自分(じぶん)の考(かんが)えていることを音(おと)にあらわし、人(ひと)に伝(つた)える行動(こうどう)です。

    해석 : 말을 한다는 것은 자신이 생각하고 있는 것을 음으로 나타내고 남에게 전달하는 행동입니다.

日本語：言葉（ことば）として用（もち）いられる音（おと）を音声（おんせい）と言
　　　　（い）います。
해석 : 말로써 사용 되어지는 음을 음성이라고 합니다.

日本語：ところで、言語（げんご）に用（もち）いられる音声（おんせい）の種類（しゅ
　　　　るい）は限（かぎ）られています。
해석 : 그런데 언어에 이용되는 음성의 종류는 한정되어져 있습니다.

05 ナ형용사문 (현재형)

(1) 다음의 문장을 들으면서 바로 따라서 발음해 보세요. 최소한 5번씩은 반복연습하세요. 🔊

1. ナ形容詞의 현재 긍정표현

① 連体形 : 「~な+体言」

A : 佐藤(さとう)さん、好(す)きな食(た)べ物(もの)は何(なん)ですか。
　　사토상, 좋아하는 음식은 뭡니까?

B : ラーメンです。
　　라면입니다.

② 終止形(보통) : 「~だ」

A : あなた、これはどう。
　　여보, 이건 어때?

B : うん、きれいだね。
　　응, 예쁜데.

③ 終止形(정중) : 「~です」

A : 木村(きむら)さん、この辺(あた)りは静(しず)かですか。
　　기무라씨, 이 부근은 조용합니까?

B : はい、かなり静(しず)かです。

네, 꽤 조용합니다.

2. ナ形容詞의 현재 부정표현

① 連体形 :「～ではない+体言」

　　A : どんなところがいいですか。

　　　　어떤 곳이 좋습니까?

　　B : あまり不便(ふべん)ではないところがいいです。

　　　　그다지 불편하지 않은 곳이 좋습니다.

② 終止形(보통) :「～ではない」

　　A : ここはどう。

　　　　여기는 어때?

　　B : あまり便利(べんり)ではないね。

　　　　별로 편리하지 않은데.

③ 終止形(정중) :「～ではありません」・「～ではないです」

　　A : 野村(のむら)さんはラーメンが嫌(きら)いですか。

　　　　노무라씨는 라면을 싫어합니까?

　　B : いいえ、嫌(きら)いではありません。好(す)きです。

　　　　아니요, 싫어하지 않습니다. 좋아합니다.

　　B': いいえ、嫌(きら)いではないです。好(す)きです。

　　　　아니요, 싫어하지 않습니다. 좋아합니다.

(2) 다음의 문장을 들으면서 바로 따라서 발음해 보세요. 최소한 5번씩은
　　반복연습하세요. 🔊

　　日本語 : ここでは、まず、日本語(にほんご)の音声(おんせい)のしくみについてお
　　　　　　話(はなし)しましょう。
　　해석 : 여기에서는 우선 일본어 음성의 구조에 대해서 이야기해 봅시다.

日本語：言葉（ことば）を話（はな）すということは、自分（じぶん）の考（かんが）えていることを音（おと）にあらわし、人（ひと）に伝（つた）える行動（こうどう）です。

해석 : 말을 한다는 것은 자신이 생각하고 있는 것을 음으로 나타내고 남에게 전달하는 행동입니다.

日本語：言葉（ことば）として用（もち）いられる音（おと）を音声（おんせい）と言（い）います。

해석 : 말로써 사용 되어지는 음을 음성이라고 합니다.

日本語：ところで、言語（げんご）に用（もち）いられる音声（おんせい）の種類（しゅるい）は限（かぎ）られています。

해석: 그런데 언어에 이용되는 음성의 종류는 한정되어져 있습니다.

日本語：日本語（にほんご）にはどんな種類（しゅるい）の音声（おんせい）があるか、そして、それぞれはどのように組（く）み合（あ）わされているかについて説明（せつめい）しましょう。

해석 : 일본어에는 어떤 종류의 음성이 있는지 그리고 그 각각의 것은 어떻게 구성 되어져 있는가에 대해서 설명해 봅시다.

06 イ형용사문·ナ형용사문
(과거형)

(1) 다음의 문장을 들으면서 바로 따라서 발음해 보세요. 최소한 5번씩은
반복연습하세요. 🔊

1. イ形容詞의 과거 긍정표현
① 終止形(보통):「～かった」
   A : 学生(がくせい)の頃(ころ)は楽(たの)しかったね。
      학생 때는 재미있었지.
   B : うん、そうだったね。
      응, 그랬었지.

② 終止形(정중):「～かったです」
   A : ここは昨日(きのう)まで涼(すず)しかったです。
      여기는 어제까지 시원했습니다.
   B : あ、そうでしたか。
      아, 그랬습니까.

2. イ形容詞의 과거 부정표현
① 終止形(보통):「～くなかった」
   A : 昔(むかし)、この作家(さっか)の本(ほん)は面白(おもしろ)くなかった。

옛날 이 작가의 책은 재미있지 않았다.

B : まさか、本当(ほんとう)ですか。

설마, 정말이에요?

② 終止形(정중) : 「～くありませんでした」・「～くなかったです」

A : 中学生(ちゅうがくせい)の頃(ころ)、背(せ)はどうでしたか。

중학생 때 키는 어땠습니까?

B : あまり高(たか)くありませんでした。

별로 크지 않았습니다.

B' : あまり高(たか)くなかったです。

별로 크지 않았습니다.

3. イ形容詞의 중지표현

① A : 薄(うす)くて面白(おもしろ)い本(ほん)ありますか。

얇고 재미있는 책 있습니까?

B : はい、あります。こちらです。

예, 있습니다. 이 쪽입니다.

② A : 渡辺(わたなべ)さん、部屋(へや)はどうですか。

와타나베씨, 방은 어떻습니까?

B : 明(あか)るくて広(ひろ)いです。

밝고 넓습니다.

③ A : この本(ほん)どうでしたか。

이 책 어땠습니까?

B : とても面白(おもしろ)くてよかったです。

꽤 재미있어서 좋았습니다.

4. ナ形容詞의 과거 긍정표현

① 終止形(보통):「～だった」

　　A: 野口君(のぐちくん)、昔(むかし)からカレーが嫌(きら)いだった。

　　　　노구치군, 옛날부터 카레를 싫어했니?

　　B: いいえ、好(す)きでした。

　　　　아니요, 좋아했습니다.

② 終止形(정중):「～でした」

　　A: 野村(のむら)さんは字(じ)がどうでしたか。

　　　　노무라 씨는 글씨가 어땠습니까?

　　B: とても、上手(じょうず)でした。

　　　　꽤 잘 썼습니다.

5. ナ形容詞의 과거 부정표현

① 終止形(보통):「～ではなかった」

　　A: 私(わたし)は数学(すうがく)が好(す)きではなかった。あなたは。

　　　　나는 수학을 좋아하지 않았어. 너는?

　　B: 僕(ぼく)もそうだったよ。

　　　　나도 그랬어.

② 終止形(정중):「～ではありませんでした」・「～ではなかったです」

　　A: 当時(とうじ)、ここは賑(にぎ)やかではありませんでした。

　　　　당시 여기는 번화하지 않았습니다.

　　A′: 当時(とうじ)、ここは賑(にぎ)やかではなかったです。

　　　　당시 여기는 번화하지 않았습니다.

　　B: あ、そうでしたか。

　　　　아, 그랬습니까?

6. ナ形容詞의 중지표현

　　A: 静(しず)かできれいな部屋(へや)ありますか。

조용하고 깨끗한 방 있습니까?

B : はい、あります。

예, 있습니다.

(2) 다음의 문장을 들으면서 바로 따라서 발음해 보세요. 최소한 5번씩은 반복연습하세요. 🔊

日本語 : それでは、これから日本語(にほんご)のアクセントについてお話(はなし)
　　　　しましょう。

해석 : 그럼 지금부터 일본어 악센트에 대해서 이야기해 봅시다.

07 동사문Ⅰ(ます형)

(1) 다음의 문장을 들으면서 바로 따라서 발음해 보세요. 최소한 5번씩은 반복연습하세요. 🔊

1. 동사의 긍정표현 「～ます」

A : どこへ行(い)きますか。
어디에 갑니까?

B : 公園(こうえん)へ行(い)きます。
공원에 갑니다.

A : 朝(あさ)何時(なんじ)に起(お)きますか。
아침 몇 시에 일어납니까?

B : 八時(はちじ)に起(お)きます。
여덟 시에 일어납니다.

A : 何(なに)を食(た)べますか。
무엇을 먹습니까?

B : ステーキを食(た)べます。
스테이크를 먹습니다.

A：学校(がっこう)で何(なに)をしますか。

　学교에서 무엇을 합니까?

B：勉強(べんきょう)をします。

　공부를 합니다.

A：今日(きょう)誰(だれ)が来(き)ますか。

　오늘 누가 옵니까?

B：大事(だいじ)なお客(きゃく)さんが来(き)ます。

　중요한 손님이 옵니다.

2. 동사의 부정표현「～ません」

A：今日(きょう)学校(がっこう)で友達(ともだち)に会(あ)いますか。

　오늘 학교에서 친구를 만납니까?

B：いいえ、会(あ)いません。明日(あした)会(あ)います。

　아니오, 만나지 않습니다. 내일 만납니다.

A：よくテレビを見((み)ますか。

　자주 텔레비전을 봅니까?

B：いいえ、あまり見(み)ません。

　아니요, 별로 보지 않습니다.

A：いっしょにテニスをしませんか。

　함께 테니스를 하지 않겠습니까?

B：今(いま)はちょっと…。

　지금은 좀….

3.「ます형+に」

A：何(なに)をしに行(い)きますか。

　무엇을 하러 갑니까?

B：映画(えいが)を見(み)に行(い)きます。

영화를 보러 갑니다.

(2) 다음의 문장을 들으면서 바로 따라서 발음해 보세요. 최소한 5번씩은
반복연습하세요. 🔊

日本語：それでは、これから日本語(にほんご)のアクセントについてお話(はなし)
しましょう。
해석 : 그럼 지금부터 일본어 악센트에 대해서 이야기해 봅시다.

日本語 ： 言葉(ことば)が話(はな)される時(とき)、会話(かいわ)であっても、本
(ほん)の朗読(ろうどく)や演説(えんぜつ)であっても、同(おな)じ高
(たか)さで、また、同(おな)じ強(つよ)さで発音(はつおん)されること
はありません。
해석 : 말이 이루어 질 때 회화나 책의 낭독, 연설일지라도 같은 높이로 또 같은
세기로 발음되어지는 경우는 없습니다.

08 동사문Ⅱ(〜ましょう, 〜う/よう형)

(1) 다음의 문장을 들으면서 바로 따라서 발음해 보세요. 최소한 5번씩은 반복연습하세요.

1. 동사의 청유표현(정중)「〜ましょう」

A : では、そろそろ行(い)きましょう。
　　그럼 슬슬 갑시다.

B : ええ、そうしましょう。
　　예, 그럽시다.

A : はやく食(た)べましょう。
　　빨리 먹읍시다.

B : はい。
　　예.

A : 一生懸命(いっしょうけんめい)勉強(べんきょう)しましょう。
　　열심히 공부 합시다.

B : はい、そうしましょう。
　　예, 그럽시다.

A : 一緒(いっしょ)に帰(かえ)りましょうか。

함께 돌아가시겠습니까?

B : いまはちょっと無理(むり)です。後(あと)で帰(かえ)ります。

지금은 좀 무리입니다. 나중에 돌아가겠습니다.

2. 동사의 청유표현(보통)「〜う/よう」

A : 菊池君(きくちくん)、一緒(いっしょ)に遊(あそ)ぼう。

기쿠치군, 같이 놀자.

B : うん、遊(あそ)ぼう。

응, 놀자.

A : 明日(あした)七時(しちじ)に起(お)きよう。

내일 7시에 일어나자.

B : はい、そうしましょう。

예, 그럽시다.

A : 健康(けんこう)のために運動(うんどう)をしよう。

건강을 위해서 운동을 하자.

B : うん、そうしよう。

응, 그러자.

3. 동사의 의지표현(보통)「〜う/よう」+「と思う」

A : 明日(あした)映画(えいが)を見(み)に行(い)こうと思(おも)う。

내일 영화를 보러 가려고 해.

B : あ、そう。

아, 그래.

A : 夕ご飯(ゆうごはん)は辛(から)いものを食(た)べようと思(おも)います。

저녁은 매운 것을 먹으려고 합니다.

B：あ、そうですか。

　　아, 그러세요.

(2) 다음의 문장을 들으면서 바로 따라서 발음해 보세요. 최소한 5번씩은 반복연습 하세요. 🔊

日本語：共通語（きょうつうご）でも、また、多（おお）くの方言（ほうげん）でも、単語
　　　　（たんご）ごとに高（たか）く発音（はつおん）する位置（いち）が決（き）まっ
　　　　ています。

해석：공통어 또는 방언에서도 단어마다 높게 발음하는 위치가 정해져 있습니
　　　다.

日本語：共通語（きょうつうご）では、「今日（きょう）は」「今日（きょう）」のように「きょ」
　　　　の部分（ぶぶん）を高（たか）く、「お天気（てんき）」は「お天気（てんき）」のよ
　　　　うに「て」の部分（ぶぶん）を高（たか）く発音（はつおん）します。

해석：공통어에서는 [쿄우와], [쿄우]와 같이 [쿄]부분을 높게, [오텐키]는 [오텐
　　　키]와 같이 [테]부분을 높게 발음합니다.

日本語：このような一つ一つの単語（たんご）について決（き）まっている高（たか）
　　　　さ、または、強（つよ）さの関係（かんけい）を言葉（ことば）のアクセントと呼
　　　　（よ）びます。

해석：이처럼 하나하나의 단어에 대해서 정해져 있는 높이 또는 세기의 관계를
　　　　말의 악센트라고 부릅니다.

09 동사문Ⅲ(~ました, ~ませんでした)

(1) 다음의 문장을 들으면서 바로 따라서 발음해 보세요. 최소한 5번씩은 반복연습하세요. 🔊

1. 동사의 긍정표현(정중)「~ました」

    A : 木村(きむら)さん、昨日(きのう)どこかへ出(で)かけましたか。

        기무라씨, 어제 어딘가에 외출하셨습니까?

    B : ええ、ちょっとデパートへ行(い)きました。

        예, 잠깐 백화점에 갔습니다.

    A : デパートで何(なに)をしましたか。

        백화점에서 무엇을 했습니까?

    B : 帽子(ぼうし)を買(か)いました。

        모자를 샀습니다.

2. 동사의 부정표현(정중)「~ませんでした」

    A : 昨日(きのう)、先輩(せんぱい)の結婚式(けっこんしき)に行(い)きましたか。

        어제, 선배 결혼식에 갔습니까?

    B : はい、行(い)きました。

        예, 갔습니다.

    A : 写真(しゃしん)も撮(と)りましたか。

사진도 찍었습니까?

B : いいえ、写真(しゃしん)は撮(と)りませんでした。

　　아니요, 찍지 않았습니다.

(2) 다음의 문장을 들으면서 바로 따라서 발음해 보세요. 최소한 5번씩은 반복연습하세요. 🔊

日本語 : 共通語(きょうつうご)でも、また、多(おお)くの方言(ほうげん)でも、単語
　　　　(たんご)ごとに高(たか)く発音(はつおん)する位置(いち)が決(き)まっ
　　　　ています。

해석 : 공통어 또는 방언에서도 단어마다 높게 발음하는 위치가 정해져 있습니
　　　다.

日本語 : 共通語(きょうつうご)では、「今日(きょう)は」「今日(きょう)」のように「きょ」
　　　　の部分(ぶぶん)を高(たか)く、「お天気(てんき)」は「お天気(てんき)」のよ
　　　　うに「て」の部分(ぶぶん)を高(たか)く発音(はつおん)します。

해석 : 공통어에서는 [쿄우와], [쿄우]와 같이 [쿄]부분을 높게, [오텐키]는 [오텐
　　　키]와 같이 [테]부분을 높게 발음합니다.

日本語 : このような一つ一つの単語(たんご)について決(き)まっている高(たか)
　　　　さ、または、強(つよ)さの関係(かんけい)を言葉(ことば)のアクセントと呼
　　　　(よ)びます。

해석 : 이처럼 하나하나의 단어에 대해서 정해져 있는 높이 또는 세기의 관계를
　　　　말의 악센트라고 부릅니다.

日本語 : さて、アクセントも方言(ほうげん)によって違(ちが)います。

해석 : 그런데, 악센트도 방언에 따라 다릅니다.

10 동사문Ⅳ (～ない, ～なかった, ～たい)

(1) 다음의 문장을 들으면서 바로 따라서 발음해 보세요. 최소한 5번씩은 반복연습하세요. 🔊

1. 동사의 현재부정표현(보통)「～ない」

   A : 野口君(のぐちくん)、今日(きょう)も学校(がっこう)へ行(い)くの。
   　　노구치군, 오늘도 학교에 가니?

   B : いや、行(い)かないよ。
   　　아니,안 가.

   A : 一緒(いっしょ)にご飯(はん)食(た)べない。
   　　같이 밥 먹을래?

   B : うん、食(た)べよう。
   　　응, 먹자.

2. 동사의 과거부정표현(보통)「～なかった」

   A : 鈴木君(すずきくん)、昨日(きのう)のパーティーになぜ来(こ)なかったの。
   　　스즈키군, 어제 파티에 왜 안 왔니?

   B : うん、ちょっと体(からだ)の調子(ちょうし)が悪(わる)くてね。
   　　응, 좀 몸상태가 안 좋아서.

A：ね、なぜ先生(せんせい)に聞(き)かなかったの。

있잖아, 왜 선생님한테 안 물었니?

B：それが、ちょっと言いづらくてね。

그게, 좀 말하기 어려워서.

3. 동사의 희망표현(보통)「～たい」

A：何(なに)が食(た)べたいの。

뭐 먹고 싶니?

B：スパゲッティ。

스파게티.

A：うちの子(こ)、野菜(やさい)を食(た)べたがらないの。

우리집 아이, 야채를 먹으려고 하지 않아.

B：最近(さいきん)の子(こ)はみんなそうですよ。

요새 아이는 모두 그래요.

(2) 다음의 문장을 들으면서 바로 따라서 발음해 보세요. 최소한 5번씩은 반복연습하세요. [🔊]

日本語：共通語(きょうつうご)でも、また、多(おお)くの方言(ほうげん)でも、単語(たんご)ごとに高(たか)く発音(はつおん)する位置(いち)が決(き)まっています。

해석 : 공통어 또는 방언에서도 단어마다 높게 발음하는 위치가 정해져 있습니다.

日本語：共通語(きょうつうご)では、「今日(きょう)は」「今日(きょう)」のように「きょ」の部分(ぶぶん)を高(たか)く、「お天気(てんき)」は「お天気(てんき)」のように「て」の部分(ぶぶん)を高(たか)く発音(はつおん)します。

해석 : 공통어에서는 [쿄우와], [쿄우]와 같이 [쿄]부분을 높게, [오텐키]는 [오텐키]와 같이 [테]부분을 높게 발음합니다.

日本語 : このような一つ一つの単語(たんご)について決(き)まっている高(たか)
　　　　さ、または、強(つよ)さの関係(かんけい)を言葉(ことば)のアクセントと呼
　　　　(よ)びます。
解釈 : 이처럼 하나하나의 단어에 대해서 정해져 있는 높이 또는 세기의 관계를
　　　　말의 악센트라고 부릅니다.

日本語 : さて、アクセントも方言(ほうげん)によって違(ちが)います。
解釈 : 그런데, 악센트도 방언에 따라 다릅니다.

日本語 : たとえば、東京(とうきょう)では川(かわ)にかかっている「橋(はし)」は「は
　　　　し」と「し」を高(たか)く発音(はつおん)し、ご飯(はん)を食(た)べる時(と
　　　　き)に使(つか)う「箸(はし)」は「はし」と「は」を高(たか)く発音(はつおん)
　　　　します。
해석 : 예를 들면 동경에서는 강에 걸쳐져 있는 [다리]는 [하시]라고 해서 [시]
　　　　를 높게 발음하고, 밥을 먹을 때 사용하는 [젓가락]은 [하시]라고 해서
　　　　[하]를 높게 발음합니다.

프레이징을 이용한
발음연습

6

1. 인사표현과 명사문 I

다음의 문장을 들으면서 프레이징을 따라 발음연습을 해 보세요. 최소한 5번씩은 반복연습하세요. 🔊

①

A: はじめまして。　ぎむです。
　　はじめまして。　キムです。

どうぞよろしくおねがいします。
どうぞよろしくおねがいします。

②

A: ぎむさんはがくせいですか。
　　キムさんは学生ですか。

B: はい、　そうです。
　　はい、　そうです。

B': いいえ、　がくせいではありません。
　　いいえ、　学生ではありません。

かいしゃいんです。
会社員です。

2. 명사문II

다음의 문장을 들으면서 프레이징을 따라 발음연습을 해 보세요. 최소
한 5번씩은 반복연습하세요. 🔊

①

A: それはなんですか。
それは何ですか。

B: これはぼんです。
これは本です。

A: なんのぼんですか。
何の本ですか。

B: にほんごのぼんです。
日本語の本です。

A: だれのですか。
誰のですか。

B: わたしのです。
私のです。

②

A ぎんこうはどこですか。

銀行はどこですか。

B：あのたてもののうしろです。

あの建物のうしろです。

4. 수사Ⅱ, イ형용사문(현재형)

다음의 문장을 들으면서 프레이징을 따라 발음연습을 해 보세요. 최소한 5번씩은 반복연습하세요.

①

A：たなかさんのおたんじょうびはいつですか。

田中さんのお誕生日はいつですか。

B：しがつはつかです。

四月二十日です。

②

A：しちがつじゅうよっかはなんようびですか。

七月じゅうよっかは何曜日ですか。

B：すいようびです。

水曜日です。

③

A: どうなさいますか。
   どうなさいますか。

B: うしろがちょっとながいです。
   うしろがちょっと長いです。

みじかくしてください。
   短くしてください。

A: はい、　わかりました。
   はい、　　分かりました。

5. ナ形容詞文(현재형)

다음의 문장을 들으면서 프레이징을 따라 발음연습을 해 보세요. 최소
한 5번씩은 반복연습하세요. 🔊

①

A: さとうさん、　すきなたべものはなんですか。
   佐藤さん、　　好きな食べ物は何ですか。

B: ラーメンです。
   ラーメンです。

②

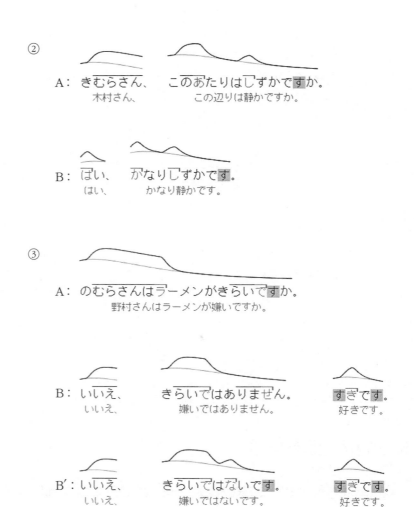

A: きむらさん、　このあたりはしずかですか。
木村さん、　この辺りは静かですか。

B: はい、　かなりしずかです。
はい、　かなり静かです。

③

A: のむらさんはラーメンがきらいですか。
野村さんはラーメンが嫌いですか。

B: いいえ、　きらいではありません。　すぎです。
いいえ、　嫌いではありません。　好きです。

B': いいえ、　きらいではないです。　すぎです。
いいえ、　嫌いではないです。　好きです。

6. イ形용사문(과거형)・ナ形용사문(과거형)

다음의 문장을 들으면서 프레이징을 따라 발음연습을 해 보세요. 최소한 5번씩은 반복연습하세요. 🔊

①

A：　ここはきのうまですずしかったです。
　　　ここは昨日まで涼しかったです。

B：　あ、　そうでしたか。
　　　あ、　　　そうでしたか。

②

A：　ちゅうがくせいのころ、　せはどうでしたか。
　　　中学生の頃、　　　　　背はどうでしたか。

B：　あまりたかくありませんでした。
　　　あまり高くありませんでした。

B′：　あまりたかくなかったです。
　　　あまり高くなかったです。

③

A：　のむらさんはじがどうでしたか。
　　　野村さんは字がどうでしたか。

B：　とても、　じょうずでした。
　　　とても、　　　上手でした。

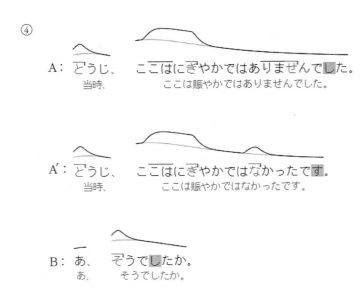

④

A： どうじ、　ここはにぎやかではありませんでした。
当時、　　　　ここは賑やかではありませんでした。

A′： どうじ、　ここはにぎやかではなかったです。
当時、　　　　ここは賑やかではなかったです。

B： あ、　そうでしたか。
あ、　　　そうでしたか。

7. 동사문 I (ます형)

다음의 문장을 들으면서 프레이징을 따라 발음연습을 해 보세요. 최소
한 5번씩은 반복연습하세요. 🔊

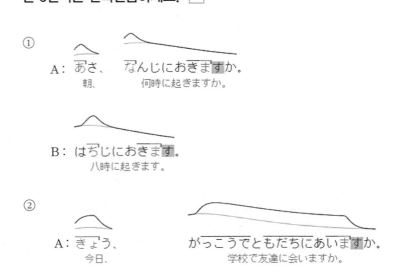

①

A： あさ、　なんじにおきますか。
朝、　　　何時に起きますか。

B： はちじにおきます。
八時に起きます。

②

A： きょう、　がっこうでともだちにあいますか。
今日、　　　学校で友達に会いますか。

B： いいえ、　　　あいません。　　　あしたあいます。
　　いいえ、　　　　会いません。　　　あした会います。

③

A： なにをしにいきますか。
　　何をしに行きますか。

B： えいがをみにいきます。
　　映画を見に行きます。

8. 동사문Ⅱ(～ましょう, ～う/よう형)

다음의 문장을 들으면서 프레이징을 따라 발음연습을 해 보세요. 최소
한 5번씩은 반복연습하세요. 🔊

①

A： では、　　　そろそろいきましょう。
　　では、　　　そろそろ行きましょう。

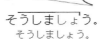

B： ええ、　　　そうしましょう。
　　ええ、　　　そうしましょう。

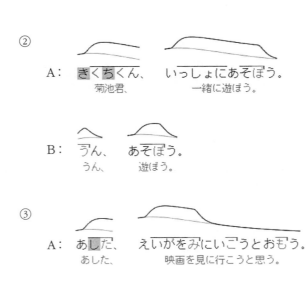

② A： きくちくん、　いっしょにあそぼう。
　　　菊池君、　　　一緒に遊ぼう。

　　B： うん、　あそぼう。
　　　うん、　遊ぼう。

③ A： あした、　えいがをみにいこうとおもう。
　　　あした、　　映画を見に行こうと思う。

　　B： あ、　そう。
　　　あ、　そう。

9. 동사문Ⅲ(~ました, ~ませんでした)

다음의 문장을 들으면서 프레이징을 따라 발음연습을 해 보세요. 최소
한 5번씩은 반복연습하세요. 🔊

①

　　A： きのう、　せんぱいのけっこんしきにいきましたか。
　　　昨日、　　　先輩の結婚式に行きましたか。

　　B： はい、　いきました。
　　　はい、　行きました。

A: しゃしんもとりましたか。
写真も撮りましたか。

B: いいえ、 しゃしんはとりませんでした。
いいえ、 写真は撮りませんでした。

10. 동사문Ⅳ(~ない, ~なかった, ~たい)

다음의 문장을 들으면서 프레이징을 따라 발음연습을 해 보세요. 최소
한 5번씩은 반복연습하세요. 🔊

①

A: いっしょにごはんたべない。
一緒にご飯食べない。

B: うん、 たべよう。
うん、 食べよう。

②

A: すずきくん、 きのうのパーティーになぜこなかったの。
鈴木君、 昨日のパーティーになぜ来なかったの。

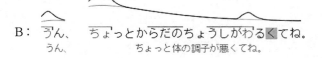

B： うん、　ちょっとからだのちょうしがわるくてね。
うん、　　　　　　　ちょっと体の調子が悪くてね。

③

A： なにがたべたいの。
何が食べたいの。

B： スパゲッティ。
スパゲッティ。

정답

2. 한국인이 틀리기 쉬운 일본어 발음 　　　　　　　　》 듣기연습

1. 어두의 탁음(カ行과 ガ行, タ行과 ダ行) 　　　　　　　　 p. 13

① (1) カ(蚊 모기) 　　　　　　　 ガ(蛾 나방) 　　　　　　　 答: ×
　 (2) グラブ(glove 글러브) 　　　 クラブ(club 클럽) 　　　　 答: ×
　 (3) ゲンテイ(限定 한정) 　　　　 ケンテイ(検定 검정) 　　　 答: ×
　 (4) ジキュー(時給 시급) 　　　　 チキュー(地球 지구) 　　　 答: ×
　 (5) ドーイ(同位 동위) 　　　　　 ドーイ(同意 동의) 　　　　 答: ○

② (1) ① 　　　 (2) ① 　　　 (3) ② 　　　 (4) ① 　　　 (5) ①

2. 어중/어미의 청음 (カ行과 ガ行, タ行과 ダ行) 　　　　　　 p. 16

① (1) カンコク　韓国　한국 　　　 カンゴク　監獄　감옥 　　　 答: ×
　 (2) シンコー　信仰　신앙 　　　 シンコー　進行　진행 　　　 答: ○
　 (3) アダマ 　　　　　　　　　　 アタマ　頭　머리 　　　　　 答: ×
　 (4) マタ　又　또 　　　　　　　 マダ　未だ　아직 　　　　　 答: ×
　 (5) フタツ　二つ　둘 　　　　　 フダツ 　　　　　　　　　　 答: ×

② (1) ① 　　　 (2) ② 　　　 (3) ② 　　　 (4) ② 　　　 (5) ①

3. ザ·ゼ·ゾ와 ジャ·ジェ·ジョ의 발음 　　　　　　　　　　　 p. 18

① (1)シンゾー　心臓　심장 　　　 シンジョー　心情　심정 　　 答: ×
　 (2)オーザ　王座　왕좌 　　　　 オーザ　王座　왕좌 　　　　 答: ○
　 (3)ジョーリ　条理　조리 　　　 ゾーリ　草履　일본짚신 　　 答: ×
　 (4)ゼロ　ZERO　제로 　　　　　 ジェロ 　　　　　　　　　　 答: ×
　 (5)ドーゾ　부디 　　　　　　　 ドージョ　童女　계집아이 　 答: ×

② (1) ②　　(2) ①　　(3) ②　　(4) ②　　(5) ②

4. ツ·チュ와　ズ·ジュ의 발음

① (1) ツユ　露　이슬　　　　　　チュユ　　　　　　　　答:×
　 (2) チューショー　抽象　추상　　ツーショー　通商　통상　答:×
　 (3) ジュズ　数珠　염주　　　　ジュジュ　授受　주고 받음　答:×
　 (4) ジュモク　樹木　수목　　　ズモク　　　　　　　答:×
　 (5) ズシ　図示　도시　　　　ズシ　図示　도시　　答:○

② (1) ②　　(2) ①　　(3) ②　　(4) ②　　(5) ①

5. 장음과 단음의 발음

p. 22

① (1) オートー　応答　응답　　オート　嘔吐　구토　　答:×
　 (2) コードー　講堂　강당　　コードー　行動　행동　答:○
　 (3) フトー　不当　부당　　　フートー　封筒　봉투　答:×
　 (4) コーコー　高校　고교　　コーコー　口腔　구강　答:○
　 (5) ジュヨ　授与　수여　　　ジュヨー　需要　수요　答:×

② (1) ②　　(2) ②　　(3) ①　　(4) ①　　(5) ①

6. 촉음과 비촉음의 발음

p. 25

① (1) キテ　来て　와(서)　　キッテ　切って　잘라(서)　答:×
　 (2) モト　元　근원　　　　モット　더욱　　　　答:×
　 (3) シテ　하고　　　　　シッテ　知って　알고　答:×
　 (4) カッコ　括弧　괄호　　カコ　過去　과거　　答:×
　 (5) ユックリ　천천히　　　ユックリ　천천히　　答:○

② (1) ①　　　(2) ①　　　(3) ②　　　(4) ②　　　(5) ②

7. 撥音의 발음   p. 29

① (1) キンエン　禁煙　금연　　　　キネン　記念　기념　　　　答: ×
　 (2) キンネン　近年　근년　　　　キンエン　禁煙　금연　　　答: ×
　 (3) コンラン　混乱　혼란　　　　コンナン　困難　곤란　　　答: ×
　 (4) シンライ　信頼　신뢰　　　　シンナイ　心内　마음 속　答: ×
　 (5) カンレイ　慣例　관례　　　　カンレイ　寒冷　한랭　　　答: ○

② (1) ②　　　(2) ②　　　(3) ①　　　(4) ①　　　(5) ②

8. 모음의 무성화   p. 32

① (1) キカイ　機械　기계　　　　カイ　貝　조개　　　　　答: ×
　 (2) ステル　捨てる　버리다　　ステル　捨てる　버리다　答: ○
　 (3) フク　吹く　불다　　　　　ク　区　구　　　　　　答: ×
　 (4) ガクセイ　学生　학생　　　ガッセイ　　　　　　　答: ×
　 (5) ホコリ　埃　먼지　　　　　コリ　凝り　결림　　　答: ×

② (1) ①　　　(2) ②　　　(3) ②　　　(4) ②　　　(5) ②

9. 외래어음의 표기와 발음   p. 40

① (1) ジャル　JAL　일본항공　　　　　　ザル　笊　소쿠리　　　答: ×
　 (2) ウィンク　wink 윙크　　　　　　　インク　ink 잉크　　　答: ×
　 (3) ファイル file 파일　　　　　　　　ファイル file 파일　　答: ○
　 (4) モーツァルト Mozart 모짜르트　　　モーチァルト　　　　　答: ×
　 (5) グアム Guam 괌(지명)　　　　　　　ガム gum 껌　　　　　答: ×

② (1) ②　　　(2) ①　　　(3) ②　　　(4) ②　　　(5) ②

10. 발음종합
p. 41

① (1) ジキュー　時給　시급　　　チキュー　地球　지구　　　答:×
　 (2) フタツ　二つ　둘　　　　　フダツ　　　　　　　　　　答:×
　 (3) オージャ　王者　임금　　　オーザ　王座　왕좌　　　　答:×
　 (4) ゼロ　ZERO　제로　　　　　ジェロ　　　　　　　　　　答:×
　 (5) ジョーリ　条理　조리　　　ゾーリ　草履　일본짚신　　答:×
　 (6) ジュズ　数珠　염주　　　　ジュジュ　授受　주고받음　答:×
　 (7) ツーシ　通史　통사　　　　チューシ　中止　중지　　　答:×
　 (8) オートー　応答　응답　　　オート　嘔吐　구토　　　　答:×
　 (9) イッコー　一行　일행　　　イコー　意向　의향　　　　答:×
　 (10) コンラン　混乱　혼란　　　コンナン　困難　곤란　　　答:×
　 (11) キカイ　機械　기계　　　　カイ　貝　조개　　　　　　答:×
　 (12) ウィンク　wink　윙크　　　インク　ink　잉크　　　　答:×

② (1) ①　　　(2) ②　　　(3) ①　　　(4) ②　　　(5) ①　　　(6) ②
　 (7) ①　　　(8) ②　　　(9) ①　　　(10) ②　　　(11) ①　　　(12) ②

3. 일본어 악센트

1. 개관
p. 45

》 악센트 연습

① (1) ○　　　(2) ×　　　(3) ○　　　(4) ×　　　(5) ○
② (1) ⓪　　　(2) ②　　　(3) ③　　　(4) ①　　　(5) ⑤

2. 단순명사의 악센트   p. 49

》 악센트 연습

① (1) ×   (2) ○   (3) ○   (4) ○   (5) ×
② (1) ①   (2) ⓪   (3) ③   (4) ④   (5) ②

3. 외래어의 악센트   p. 52

》 악센트 연습

① (1) ○   (2) ×   (3) ○   (4) ○   (5) ○
② (1) ①   (2) ②   (3) ⓪   (4) ②   (5) ③

4. 이름의 악센트   p. 55

》 악센트 연습

① (1) ○   (2) ×   (3) ○   (4) ×   (5) ×
② (1) ①   (2) ⓪   (3) ⓪   (4) ②   (5) ⓪

5. 복합명사의 악센트   p. 59

》 악센트 연습

① (1) ○   (2) ○   (3) ○   (4) ×   (5) ○
   (6) ○   (7) ×   (8) ○   (9) ○   (10) ○
② (1) ⓪   (2) ③   (3) ②   (4) ④   (5) ③
   (6) ③   (7) ②   (8) ③   (9) ⓪   (10) ⓪

6. 단순동사의 악센트   p. 64

》 악센트 연습

① (1) ×   (2) ×   (3) ×   (4) ×   (5) ○
   (6) ○   (7) ○   (8) ○   (9) ○   (10) ○
② (1) ①   (2) ②   (3) ①   (4) ①   (5) ①
   (6) ⓪   (7) ⓪   (8) ⓪   (9) ⓪   (10) ④

7. 복합동사의 악센트   p. 68

》 악센트 연습

① (1) ×   (2) ×   (3) ○   (4) ×   (5) ○
   (6) ○   (7) ○   (8) ○   (9) ×
② (1) ①   (2) ⓪   (3) ⓪   (4) ②   (5) ②
   (6) ⓪   (7) ⓪   (8) ⓪   (9) ⑤

8. 단순 형용사의 악센트   p. 71

》 악센트 연습

① (1) ×   (2) ×   (3) ○   (4) ○   (5) ○
   (6) ○   (7) ○   (8) ○   (9) ○   (10) ○
② (1) ②   (2) ①   (3) ①   (4) ①   (5) ①
   (6) ⓪   (7) ⓪   (8) ③   (9) ③   (10) ③

9. 복합 형용사의 악센트   p. 75

》 악센트 연습

① (1) ×   (2) ○   (3) ○   (4) ○   (5) ○   (6) ○

(7) ○	(8) ○	(9) ○	(10) ○	(11) ○	(12) ○

② (1) ② (2) ④ (3) ③ (4) ③ (5) ③ (6) ③
  (7) ⓪ (8) ⑤ (9) ④ (10) ④ (11) ④ (12) ④

4. 일본어 인토네이션 p. 81

》 인토네이션 연습

① (1) ② (2) ① (3) ② (4) ① (5) ②
  (6) ② (7) ① (8) ① (9) ② (10) ①

참/고/문/헌

- 天沼寧他2人著(1987)『日本語音声学』くろしお出版
- 猪塚元· 猪塚恵美子著(2007)『日本語教育能力検定試験　音声パーフェクト対策』アルク
- 遠藤由美子他2人著(2008)『日本語教育能力検定試験 聴解· 音声　特訓プログラム』三修社
- 亀井孝他2人編(1996)『言語学大辞典　第6巻　述語編』三省堂
- 川上蓁著(1996)『日本語音声概説』おうふう
- 河野俊之他3人共著(2009)『1日10分の発音練習』くろしお出版
- 酒井裕著(1992)『音声アクセントクリニック』凡人社
- 酒井真弓著(2007)『韓国語話者の日本語音声考―韓日両国語の比較から―』J&C
- 城生佰太郎他2人遍(2011)『音声学基本事典』勉誠出版
- 杉藤美代子著(2002)『日本語音声の研究7　教育への提言』和泉書院
- 杉藤美代子著(2012)『日本語のアクセント、英語のアクセント』ひつじ書房
- 田中真一著(2011)『アクセントとリズム』研究社
- 田中真一· 窪園晴夫著(2008)『日本語の発音教室　理論と練習』くろしお出版
- 戸田貴子著(2008)『日本語教育と音声』くろしお出版
- 戸田貴子著(2009)『コミュニケーションのための日本語発音レッスン』スリーエーネットワーク
- 中條修著(1990)『日本語の音韻とアクセント』勁草書房
- 日本音声学会編(1976)『音声学大辞典』三修社
- 日本語教育学会編(2006)『日本語教育事典』제이앤씨
- 服部四郎著(1984)『音声学』岩波書店
- 服部四郎著(1979)『新版　音韻論と正書法』大修館書店
- 文化庁(1977)『日本語教育指導参考書1　音声と音声教育』大蔵省印刷局

저 자 | **정현혁**(鄭炫赫)

• 현직   사이버한국외국어대학교 일본어학부 교수
• 전공   일본어학(일본어사) 전공
• 약력   1993년 한국외국어대학교 일본어과 졸업
          1995년 동대학원 일어일문학과 졸업(문학석사)
          2007년 와세다 (早稻田) 대학 대학원 문학연구과 졸업(문학박사)

〈논문 및 저서〉
「キリシタン版国字本の文字・表記に関する研究」
「韓国人日本語学習者のための効果的な漢字学習」
「16세기 키리시탄판 국자본 종교서의 표기」
「吉利支丹心得書の仮名遣いー和語を中心にー」
『일본어학의 이해』(2012)인문사
『한권으로 끝내는 新 일본어능력시험』(공저, 2012)책사랑
『일본어 첫걸음』(공저, 2016)제이앤씨
『미디어일본어』(2017)제이앤씨
등 다수

감 수 | **酒井真弓** (SAKAI MAYUMI 사카이마유미)

東京女子大学文理学部 卒業
한국외국어대학교 (석사박사) 졸업
현 덕성여자대학교 일어일문과 부교수

〈저서〉
『韓国語話者の日本語音声考』(2007)제이앤씨
『Open 日本語』(2011)일본어뱅크

한국인을 위한 일본어 발음

초판 인쇄 | 2018년 3월 5일
초판 발행 | 2018년 3월 5일

저　　자 정 현 혁

책임편집 윤 수 경

발 행 처 도서출판 지식과교양
등록번호 제2010-19호
주　　소 서울시 도봉구 삼양로142길 7-6(쌍문동) 백상 102호
전　　화 (02) 900-4520 (대표) / 편집부 (02) 996-0041
팩　　스 (02) 996-0043
전자우편 kncbook@hanmail.net

ISBN 978-89-6764-113-9　03700
　　　　　　　　　　　　　　　　　　　　　　　　　　정가 10,000원

* 이 책은 사이버한국외국어대학교 교재로 출판된 것으로 교재에 제시된 음성표시의 MP3 파일은 사이버한국외대 [일본어입문 I (심화)] 과목 강의실 내의 학습자료실에서 다운 받을 수 있습니다. 사이버한국외대 학생이 아닌 경우는 지식과교양 출판사로 문의하셔서 MP3 파일 다운의 도움을 받으시기 바랍니다.